rowohlts monographien

HERAUSGEGEBEN

VON

KURT KUSENBERG

ALBAN BERG

IN
SELBSTZEUGNISSEN
UND
BILDDOKUMENTEN

DARGESTELLT
VON
VOLKER SCHERLIESS

ROWOHLT

Dieser Band wurde eigens für «rowohlts monographien» geschrieben
Den Anhang besorgte der Autor
Herausgeber: Kurt Kusenberg · Redaktion: Beate Möhring
Schlußredaktion: K. A. Eberle
Umschlagentwurf: Werner Rebhuhn
Vorderseite: Alban Berg, 1909 (Slg. Volker Scherliess)
Rückseite: In der elterlichen Wohnung um 1900 (Universal-Edition, Wien)

Irene Erdmann gewidmet

Veröffentlicht im Rowohlt Taschenbuch Verlag GmbH,
Reinbek bei Hamburg, Februar 1975
© Rowohlt Taschenbuch Verlag GmbH, Reinbek bei Hamburg, 1975
Alle Rechte an dieser Ausgabe vorbehalten
Gesamtherstellung Clausen & Bosse, Leck/Schleswig
Gesetzt aus der Linotype-Aldus-Buchschrift
und der Palatino (D. Stempel AG)
Printed in Germany
ISBN 3 499 50225 9

INHALT

Alban Berg

EINFÜHRUNG

Eine Generation nach seinem Tode ist Alban Berg ein «Klassiker der modernen Musik». Waren seine Werke zu Lebzeiten äußerst umkämpft und hatten etwa seine Orchesterlieder 1913 – im selben Jahr wie Strawinskys «Sacre du Printemps» in Paris – den heftigsten der vielen berühmten Wiener Konzertskandale veranlaßt, so gehört er heute zu den wenigen widerspruchslos anerkannten Musikern des 20. Jahrhunderts. Seine Kompositionen, früher vom überwiegenden Teil des Publikums als «revolutionäre Barbarei» abgelehnt, stehen im Repertoire – ja, sie zeichnen sich, von uns mit Abstand betrachtet, gerade durch ihre konservativen Züge aus. Berg legte, wie sein Lehrer Arnold Schönberg, «nicht so sehr Gewicht darauf, ein musikalischer Bauernschreck zu sein, als vielmehr ein natürlicher Fortsetzer richtig verstandener, guter, alter Tradition!»[1]*. Freilich gehörte er, was die Anwendung neuester künstlerischer Mittel betraf, durchaus zur Avantgarde. Aber das war nicht das Entscheidende. «Modernität» – selbst wenn es sich bei ihr um bahnbrechend Neues wie Bergs kompositionstechnische Methoden handelt – ist nie eine Garantie für Qualität; sie wird reizlos, abgestanden und gehört wie jede Mode nach einer Saison zum alten Eisen. «Was einmal erfunden ist», sagt Ernst Bloch dazu, «hat für spätere Zeiten jedes Interesse im Problemzustand verloren, sofern es nicht mehr als ein technisches Problem war; das wahre Sosein der großen Musiker wird also durch die Geschichte der musikalischen Technik nicht bestimmt.»[2]

Berg hat sich zwar zeitlebens um technische Fragen bemüht, er gehörte zum Typus des gelehrten, zur Spekulation neigenden Musikers (das zeigen schon seine analytischen Arbeiten über fremde und eigene Werke); aber Analyse, Technik, Theorie waren nie Selbstzweck – sie wurden ihm überhaupt nur interessant, weil er den *Wunsch* hatte, *gute Musik zu machen*[3]. *Gute Musik* muß natürlich auf bestem handwerklichem Niveau basieren, aber sie muß darüber hinaus auch – darin dachte Berg ganz romantisch – echt empfunden sein und ihrerseits seelische Empfindungen hervorrufen können: ... *das ist ja das Schönste, was man einem Stil nachsagen kann, auch dem musikalischen: daß man fühlt, wie der Schöpfer daran warm geworden ist.*[4] Also könnte man Luthers schönes Wort über Josquins Musik, sie sei «wercklich und lieblich» zugleich, auch als Maxime über Bergs eigenes Musikdenken stellen.

Kriterium dessen, was *gute Musik* sei, war für ihn nicht etwa – wie für manche orthodoxen Ästhetikapostel – das dünne Destillat irgendeiner Doktrin, sondern es war die ganze lebendige, abendländische Musik, so wie er in ihr aufgewachsen war und wie er sie vor sich sah: Bach, Mozart, Schubert, Bruckner, und ganz besonders Beethoven, Brahms

---

* Die hochgestellten Ziffern verweisen auf die Anmerkungen S. 134 f.

und Mahler waren ihm die sakrosankten Meister einer unantastbaren Tradition. Um das Besondere hieran zu erkennen, mag der Hinweis genügen, daß andere Komponisten des 20. Jahrhunderts wie Hindemith, Strawinsky oder etwa die französische Gruppe der «Six» um Jean Cocteau sich zunächst bewußt gegen die jüngste Tradition stellten und gerade aus deren Ablehnung zu neuem Ausdruck fanden. Für Berg dagegen, wie für die ganze Schönberg-Schule, gab es keinen Bruch am Ende der Spätromantik.

Natürlich hatte er – historisch, durch eigene Veranlagung und Entwicklung bedingt – besondere Vorlieben, wie Wagner, und weniger starke Neigungen, etwa zur italienischen Musik des 19. Jahrhunderts. Aber im ganzen stand Berg innerlich offen und voller Verehrung den verschiedenen Epochen und Stilen der Musikgeschichte gegenüber.

Dieselbe Haltung kennzeichnet auch seine Einstellung zu den Zeitgenossen: dem Meister Schönberg und dem Freund Webern gilt seine *unendliche, höchste Liebe*, aber er schätzte und liebte auch die Werke so verschiedener Musiker wie Debussy, Strauss, Reger und Ravel, Malipiero, Bartók und Strawinsky.

Die Wurzel solcher künstlerischen Toleranz, dieser Anerkennung vor dem Werk anderer, lag in seiner Großzügigkeit allen Mitmenschen gegenüber. Wer noch Gelegenheit hat, Alban Berg nahestehende Personen nach ihm zu befragen, wird einhellig die Erinnerung an einen besonders liebenswürdigen, vornehmen und wahrhaft humanen Menschen vernehmen.

Mensch und Leistung, Leben und Werke – diese übliche Trennung will hier nicht recht passen; beides ist bei Berg enger als gewöhnlich ineinander verwoben. Er war stets bemüht, ganz seinem Werk zu leben; dieses andererseits ist hartnäckigsten Widerständen einer labilen Gesundheit, einer äußerlich kaum je für einen längeren Zeitraum gesicherten Existenzgrundlage und einer meist künstlerisch – später auch politisch – feindseligen Öffentlichkeit abgerungen. Glaubte er *doch, daß die Leistung wichtiger ist als der Mensch. Vielleicht ist er überhaupt nur «zu pflegen», um das Höchste an Leistungen aus ihm herauszubekommen. Wenigstens war dies immer der einzige Grund, warum ich etwas für meine Gesundheit tat.*[5] Die eigentliche Verwirklichung des künstlerischen Menschen in seinem Werk, die hier postuliert wird und für die die große Kunst der Vergangenheit Maßstäbe gesetzt hat, bedeutete einen hohen Anspruch Bergs an sich selbst. Das Verantwortungsgefühl, das er dabei gegen die Tradition empfand, bewirkte der eigenen Arbeit gegenüber strengste Selbstkritik. *Ich will jetzt endlich zu komponieren beginnen. Wie wird es gehn? Ich habe – wie vor jeder Arbeit – geradezu Angst davor!* heißt es in einem Brief an Webern.[6] Um den künstlerischen Anforderungen, die er an sein eigenes Schaffen stellte, zu entsprechen, hat er während der Arbeit immer wieder korrigiert, verworfen und ausgefeilt. Eine Passage, ein Werk mußte *ganz ausgehört* sein; selbst noch bei Reinschrift eines Stückes wurden Änderungen vorgenommen; trotzdem hatte er *nach jeder vollendeten Arbeit Zweifel an der Güte derselben* [7], und er bekannte noch anläßlich der *Lulu,* er *arbeite so wie immer: also langsam* [8].

Damit sind die Gründe für eine erstaunliche Tatsache angedeutet: Alban Berg ist wohl der einzige Komponist von Rang, dessen Gesamtœuvre kaum ein Dutzend Werke umfaßt. Er selbst hat, wie es heißt, weil er sich *schäme, in so langer Zeit nur so wenig hervorgebracht zu haben* [9], nach dem *Wozzeck* op. 7 keine Werkzählung mehr vorgenommen. Dieses Wenige aber gehört nun ohne Ausnahme zum Bedeutenden, was musikalisch im 20. Jahrhundert geschaffen wurde, und – doppelt ungewöhnlich – es hat sich auch beim Publikum in vergleichsweise hohem Maße durchgesetzt. *Wozzeck* und *Lulu* gehören zum festen Bestand der Opernspielpläne, das *Violinkonzert* ist das am häufigsten aufgeführte und auf Schallplatten eingespielte neuere Konzert, die *Lyrische Suite* steht im Repertoire jedes ambitionierten Streichquartetts. Es stellt wohl ein einmaliges Phänomen dar, daß ein Komponist mit rund der Hälfte seines Gesamtwerks im heutigen Musikleben vertreten ist, zumal Bergs Kunst nicht «eingängig», sondern schwer zu spielen und zu hören ist und wenig aufweist, was breitere Popularität vermuten ließe.

Diesem Werk und seiner Entstehung gilt die vorliegende Monographie. Sie möchte eine Orientierungshilfe bei der Begegnung mit Alban Berg geben; sie kann und will die grundlegenden und unumgänglichen Arbeiten, denen sie in vielem verpflichtet ist, nicht ersetzen, sondern möchte gerade zu ihrer Lektüre wie zu jeder gründlichen Beschäftigung mit Bergs Kunst anregen:

Willi Reich schrieb 1937 unter Mitarbeit von Theodor W. Adorno und Ernst Křenek die erste Berg-Biographie [10], in grundlegenden Analysen vor allem die Werke betrachtend, worauf 1959 ein kleines Bändchen [11] und 1963 wieder ein größeres Buch [12] folgten, in denen nun vor allem die Persönlichkeit Bergs im Vordergrund stand. Alle Arbeiten Reichs gehen auf sein Studium bei Berg zurück und haben den Vorzug der Authentizität, besonders da einige Analysen unter Bergs Anleitung verfaßt wurden. Reich war als enger Vertrauter seines Lehrers schon früh als dessen Biograph ausersehen und hat sich als treuer Vorkämpfer für seine Musik hohes Verdienst erworben. Freilich – ein jüngerhaft apologetischer Zug fehlt ihm denn auch bis heute nie.

Demgegenüber ist Hans Ferdinand Redlich mit seinem 1957 erschienenen «Versuch einer Würdigung» [13] vor allem bestrebt, den historischen Standort von Bergs Musik klarzustellen und ihren künstlerischen Rang im Rahmen der Tradition analysierend und vergleichend zu kennzeichnen. Sein Buch ist, wenn auch in einzelnen Details fehlerhaft, das nüchternste und analytisch brauchbarste.

Der dritte Hauptautor, Theodor W. Adorno, war als Kompositionsschüler Bergs in ähnlicher Lage wie Reich. Adornos zahlreiche Schriften zur neuen Musik und speziell sein Berg-Buch [14] sind begeisterte Zeugnisse jahrzehntelanger rezipierender und denkerisch nachspürender Erfahrung mit dieser Kunst; zwar auf Grund seiner musiktheoretisch und -ideologisch schmalen Basis und seines Jargons zuweilen ärgerlich, aber immer anregend und lehrreich dank des immensen Niveaus seiner Kennerschaft.

Diesen und anderen, später zu nennenden Studien ist unsere Monographie vielfach gefolgt, zumal im Biographischen, wo natürlicherweise aus zweiter Hand gearbeitet werden mußte. Im übrigen aber wurde versucht, soweit wie möglich primäre Quellen, Bergs Werke und Äußerungen, zugrunde zu legen. Er hat ja ohnehin mit seinen Aufsätzen, gerade auch zu eigenen Kompositionen, jeder Analyse, Kritik und Würdigung die Bahn vorgezeichnet. Die Briefe an seine Frau liegen, wenn auch in schlechter Edition, vor [15]; jene an Webern wie an seinen Verleger konnten eingesehen werden. Noch sind allerdings umfangreiche Teile des Bergschen Nachlasses nicht zugänglich. Skizzen, Entwürfe und Bearbeitungen (etwa die von Adorno genannten vierhändigen Klavierfassungen eigener wie fremder Werke [16]), Korrespondenzen (vor allem die mit Schönberg) und nicht zuletzt die gesamte Bibliothek mit Bergs vielen Marginalien und Kommentaren lassen für später weiteren Aufschluß erhoffen. Erst dann wird eine wirklich umfassende Darstellung möglich sein.

Die Worte, mit denen Berg seine größte analytische Arbeit, den Führer durch Schönbergs «Gurre-Lieder», beginnt, werfen nicht nur ein bezeichnendes Licht auf seine eigene Persönlichkeit, sondern sind in ihrer Einstellung wohl geeignet, jedem Versuch, über Musik zu schreiben, vorangestellt zu werden: *Dieser Führer macht keinen Anspruch auf Vollständigkeit. Sie ist auch unerreichbar, selbst wenn ich nicht gezwungen worden wäre, infolge der räumlichen Grenzen einer solchen Schrift, mich kurz zu fassen, vieles zu unterdrücken, was gesagt hätte werden sollen. Es blieb mir also die Wahl zwischen einer gleichmäßig oberflächlichen Behandlung und einer wenigstens stellenweisen Ausführlichkeit. Indem ich letztere vorzog, verzichtete ich von vornherein auf die formale Glätte und Abrundung . . . Sein Ziel sei es, einen wenn auch unvollständigen Begriff von dieser nur dem Höchsten gleichstellbaren Kunst Arnold Schönbergs zu geben. Sollte mir das gelungen sein, so hat diese kleine Schrift ihren Zweck erreicht und ich habe es nicht zu bereuen, daß ich dort, wo die unermeßliche Schönheit dieser Musik andachtsvolles Schweigen gebietet, selbst Worte — wenn auch nur theoretische — gesucht und gefunden habe.[17]*

JUGEND

Im Zentrum der Wiener Innenstadt, nur wenige Schritte von Stephansdom, Graben und Peterskirche entfernt, liegen die «Tuchlauben», in deren spätbarockem Bürgerhaus Nr. 8 Alban Maria Johannes Berg am

9. Februar 1885 geboren wurde. Sein Vater, Conrad Berg (1846–1900), war ein um 1867 aus Nürnberg eingewanderter Buch-, Kunst- und Devotionalienhändler, dessen letztes Geschäft – den Handel mit liturgischen Geräten, Heiligenbildern usw. – die Mutter Johanna, geb. Braun (1851–1926) nach seinem Tode weiterführte. Ihre Vorfahren stammten aus Böhmen, waren aber schon seit einigen Generationen in Wien ansässig, ihr Vater war der Hofjuwelier Franz Xaver Melchior Braun. Von ihm, einem begabten Zeichner, dessen Schmuckentwürfe sich teilweise erhalten haben, dürfte die bei Berg stets lebendige Neigung für graphisches Gestalten, ja überhaupt sein ausgeprägter Sinn für die bildende Kunst stammen. Von einer auffallenden musikalischen Begabung hingegen ist bei keinem der Vorfahren etwas bekannt.

Als man in den zwanziger Jahren vielfach versuchte, der Kunst Alban Bergs «Entartung» nachzuweisen, wurde auch das falsche Argument ins Feld geführt, seine Familie sei jüdisch, worauf er feststellte: *Der Vorwurf, Jude zu sein, trifft mich nicht, ich verwahre mich aber keineswegs dagegen. Es scheint mir und allen, denen es um Höheres geht, unendlich lächerlich, darüber zu streiten.*[18]

Der Jugendfreund Hermann Watznauer, dem Berg auch späterhin eng verbunden blieb, beschrieb den Knaben: «In den Kinderjahren war er – wie der Wiener sagt – ein ‹fester Kerl› gewesen: pausbackig und beinahe ein wenig rundlich. Mit dreizehn Jahren begann er in die Höhe zu schießen; er wurde mehr als schlank, und mit der überschäumenden Gesundheit war es vorbei. Und doch war er ein rechter, echter Junge, mit einem Spitzbubengesicht, aus dem zwei offene, helle Augen schalkhaft in die Welt guckten.»[19]

Bald zog die Familie in den hinter Schloß Schönbrunn gelegenen XIII. Bezirk, nach Hietzing, wo sich später auch Bergs eigene Wohnung befand (und heute noch befindet) und das er in seinem ländlichen Charakter immer liebte. 1918 hieß es: *Hietzing erschien mir gestern abend ganz märchenhaft eingesponnen. Wenn man so wochenlang in der Stadt ist, zwischen den grauen Häusern und den dahinhastenden Arbeitswesen, erscheint einem Hietzing, diese vielen stillen Gärten, die verwachsenen Alleen, wo kaum ein Mensch geht, wie ein Paradies!*[20]

In der recht wohlhabenden, typisch «gehobenen» Bürgersfamilie, *deren Name ... nebenbei gesagt noch vor zirka 100 Jahren mit dem Freiherrntitel apostrophiert wurde, welchen mein Großvater so klug war, als überflüssigen Kram abzulegen*[21], wuchsen neben Alban zwei ältere Brüder, Hermann (1872–1921), der später nach Amerika auswanderte, und Charley (1881–1952) heran, welcher ebenso wie die jüngere Schwester Smaragda (1887–1954) wichtig für seine persönliche Entwicklung werden sollte. Es war selbstverständlich, daß die Kinder auf geistige und künstlerische Themen schon früh gewiesen und ihre entsprechenden Interessen stets gefördert wurden. Beschäftigung mit bildender Kunst und Literatur gehörten ebenso zum Familienleben wie private Theateraufführungen und gemeinsames Musizieren. Im vierhändigen

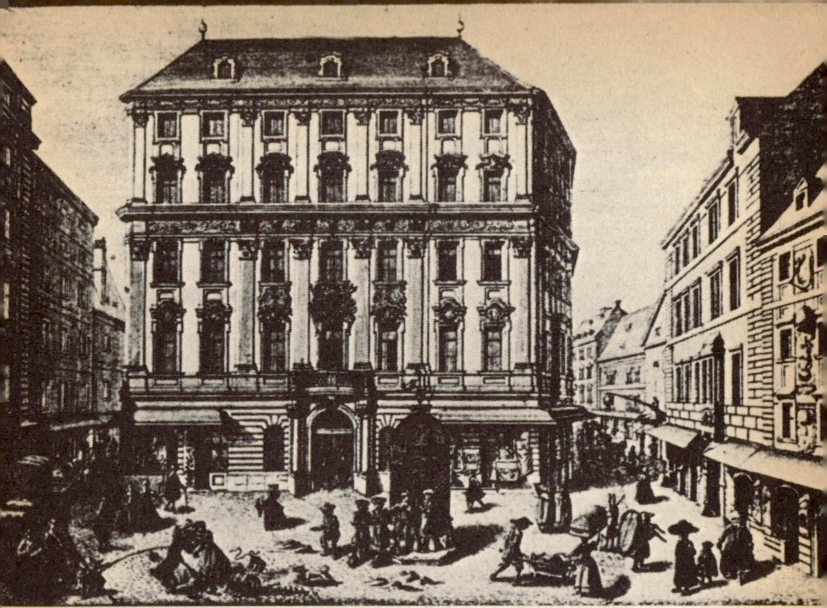

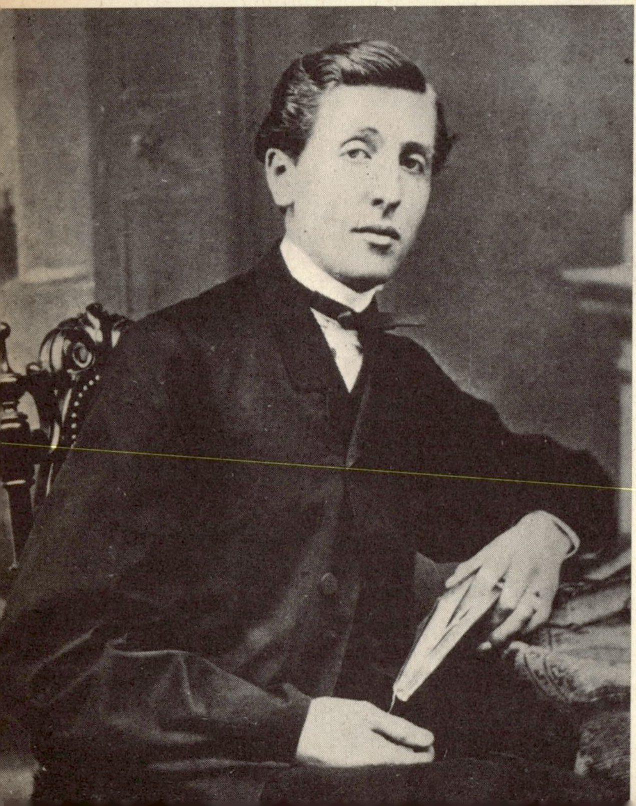

Geburtshaus: Wien, Tuchlauben Nr. 8

Der Vater: Conrad Berg

Die Mutter: Johanna Berg, geb. Braun

Der Laden des Vaters

Spiel mit der Schwester lernte Alban die symphonischen Werke von Haydn bis Brahms kennen und lieben, und beim Begleiten von Charleys Gesang erarbeitete er sich die Opernliteratur ebenso wie die Lieder der großen Wiener Meister von Schubert bis zum *göttlichen Liedersänger Hugo Wolf* [22]. Dabei war von einer frühen speziell musikalischen Veranlagung im Sinne eines «Wunderkindes» keinerlei Rede. Eher galt seine Neigung der Literatur: *Ich war einmal im Bleiberger Bergwerk, das hat mir einen solchen Eindruck gemacht, daß ich ein ganzes Bergwerksdrama geschrieben hab... Bevor ich komponierte, wollte ich überhaupt Dichter werden und ich erinnere mich da noch an ganze Epen, zu denen mich die jeweilige Schullektüre anregte. Und ganz zurück, als Kind, malte und zeichnete ich, wohl durch eine gewisse Handfertigkeit, die ich fälschlicherweise für Talent hielt, dazu veranlaßt.* [23]

Früh entwickelte er in allen künstlerischen Fragen eine ungewöhnlich sichere Urteilsfähigkeit. Die Wiener Museen enthielten genügend bedeutende Werke; sein *Lieblingsgemälde* war *Jupiter und Jo* von *Correggio* [24], später hing eine Reproduktion Andrea del Sartos über seinem Schreibtisch; er empfand z. B. *für Rembrandt eine abgöttische Verehrung* [25]. Von den Zeitgenossen wurde Klimt, später dann Kokoschka besonders geliebt. Eine besondere, lebenslange Verehrung galt dem großen Architekten Adolf Loos. Bergs eigene graphische Arbeiten, namentlich seine kalligraphische Schrifttype, die er für die Titelblätter der ersten beiden gedruckten Werke (1910) entwarf, zeigen ihn vom Jugendstil in seiner Wiener Ausprägung des Sezessionsstils inspiriert.

Die literarischen Ambitionen Albans entsprangen seiner frühen Leidenschaft zum Lesen. Die Familie verfügte über eine ausgezeichnete Bibliothek, aus der sich der Fünfzehn- bis Zwanzigjährige in kleinen Bändchen die ihm wertvollsten Lesefrüchte exzerpierte: aus der Bibel, Texte von Dichtern, Philosophen und Künstlern. In dieser frühen Lektüre liegt die Wurzel seiner profunden Literaturkenntnis und seines vielberufenen, enormen Geschmacks, der – wie wir später sehen werden – in der Wahl und Bearbeitung seiner Operntexte wie in eigenen schriftstellerischen Arbeiten sich auch schöpferisch manifestierte.

Seine größte Liebe unter den Dichtern galt zeitlebens Goethe, Shakespeare, Dostojevskij und Balzac. In einem 1912 geplanten *großen symphonischen Satz* wollte er *gegen Schluß eine Knabenstimme (aus der Höhe) Worte aus Balzacs Seraphita singen lassen. Es blieb natürlich – wie so oft bei mir – nur beim Plan...* [26] Ibsen war neben Gustav Mahler eines seiner *lebenden Ideale* [27]; dazu kamen Hofmannsthal, Maeterlinck, Oscar Wilde, Gerhart Hauptmann, Hermann Bahr, Wedekind und besonders Strindberg. Lange Passagen in den Briefen an Helene Berg wie an Webern sind angefüllt mit Berichten über seine Lektüre und neue begeisternde Funde. Mit Webern korrespondierte er auch über philosophische Bücher, vor allem Kant und Schopenhauer; und der Freund brachte ihm unter anderen auch Peter Rosegger, den vielverkannten österreichischen Erzähler, nahe. Unter den anderen Österreichern

1894

waren es in erster Linie Karl Kraus und Peter Altenberg, mit denen ihn außer der künstlerischen Verehrung auch persönliche Freundschaft verband.

Mit vierzehn Jahren begann sich Alban über das normale Interesse hinaus mit Musik zu beschäftigen. Er komponierte seine ersten Lieder, die zu Hause von Charley gesungen und von Smaragda am Klavier begleitet wurden. Der Corpus seiner Lieder, die bis zum Beginn seines Studiums bei Schönberg (1904) ohne fachliche Anleitung, nur auf Grund des autodidaktisch Angelernten, entstanden, umfaßt die beträchtliche Zahl von rund 140 Stück.[28] Die meisten sind nie für die Öffentlichkeit bestimmt gewesen. Sie enthalten offenbar vieles, was ganz naiv empfunden war und ohne ausreichendes handwerkliches Rüstzeug niedergeschrieben wurde.

Lediglich neun dieser Lieder sind heute zugänglich: das erste Storm-Lied *Schließe mir die Augen beide*, dem später eine zweite Vertonung folgte (vgl. S. 88), die Gleim-Vertonung *An Leukon* und die berühmten *Sieben frühen Lieder*. Diese alle sind aber schon während der Lehrzeit bei Schönberg entstanden. Wir erkennen in ihnen, ohne Ausnahme, das bewußte Anknüpfen Bergs an romantische Vorbilder. In Form (klare dreiteilige Gliederung), in Harmonik und im Klaviersatz merkt man, wie sehr er in diesen Jahren das Liedschaffen etwa Schumanns und Brahms' studiert hat, wie aber auch Wagnersche Einflüsse verarbeitet wurden. Dabei zeigt sich eine durchaus eigene Anwendung des Gelernten, weit über dem Niveau schülerhafter Nachahmung. Die Verbindung harmonischer Raffinessen – besonders: enharmonische Umdeutungen, Ausweichungen oder unerwartete Rückungen – mit einer expressiven Melodieführung erinnert fraglos an Richard Strauss, wobei Berg allerdings immer – was die Klavierbegleitung angeht – eher zu Schlichtheit und linearer Stimmführung tendiert als zu «romantischem Tongeklingel». Die *Sieben frühen Lieder*, zwischen 1905 und 1908 komponiert, wurden erst 1928 publiziert, und zwar in Klavierfassung und instrumentiert als Orchesterlieder, nachdem auf Grund des *Wozzeck*-Erfolgs vielfach der Wunsch nach eingängigen Repertoire-Kompositionen Bergs laut geworden war.

Alle anderen Jugendlieder, darunter Vertonungen von Walther von der Vogelweide, Ibsen, Arno Holz, Altenberg, Mörike, Goethe, Hofmannsthal, Rückert, Heine, Eichendorff, Rilke und vieler damals gängiger Lyriker wie Otto Julius Bierbaum, Cäsar Flaischlen, Karl Henckell usw. – alle anderen Lieder also wurden überhaupt nur als private Familienandenken aufbewahrt. Berg selbst wollte sie später vernichten, konnte aber von seiner Frau daran gehindert werden. Auch heute bleiben die Autographe fremder Einsicht verschlossen. Neben unserem Respekt vor dieser Maßnahme steht aber die Hoffnung, daß Bergs Jugendlieder wenigstens für die musikwissenschaftliche Forschung doch noch zugänglich gemacht werden. Denn es ist ein legitimes Recht der Nachwelt, so viele Kenntnisse wie möglich über einen großen Künstler, über

sein Werk wie auch über dessen Ursprünge, gewinnen zu wollen. Und in diesem Fall wäre es besonders interessant, den Weg des Autodidakten von den unfertigen Anfängen bis zu solchen Arbeiten wie den *Sieben frühen Liedern* verfolgen zu können und zu untersuchen, wie sich ab 1904 der Einfluß Schönbergs niedergeschlagen hat.

Doch wir haben weit vorgegriffen.

Den heranwachsenden Berg haben wir uns als einen Menschen von körperlich schwacher Konstitution, dabei geistig und seelisch zart und intensiv empfindend vorzustellen. Der frühe Tod des Vaters traf den Fünfzehnjährigen hart. Im selben Jahr beginnt mit dem ersten Anfall von Asthma ein lebenslang wiederkehrendes Leiden und die ständige Notwendigkeit, *immer mit meiner elenden Gesundheit* zu *rechnen* [29].

Bei der Matura 1903 versagte Alban im deutschen Aufsatz und klagt dem Freund Watznauer sein Leid: *Wie schön wäre heuer der Sommer gewesen! – Freiheit! herrliche Freiheit!!! goldene Glückseligkeit! – Ich glaube, ich wäre wie ein kleines Kind ausgeartet vor Freude und Wonne! – Dann käme die Lebensfreude – die Arbeitsfreude – denn das ist ja eins! – Doch so wie jetzt!?! – Da bin ich zur Sterbensfreude zu stumpf – freudlos – mir fehlt die große Freude – oder gar der große Schmerz!!? – Kann sein! – So bin ich ein Tastender! Nichts findender Sucher! – – –*[30] Die melancholische Stimmung dieser Zeit wird durch eine unglückliche Liebe noch gesteigert und führt im Herbst zu einem Selbstmordversuch. Noch ein andermal spricht Berg von dieser möglichen letzten Konsequenz, aber *vielleicht sorgt insgeheim meine körperliche Konstitution dafür, und meinem Denken bleibt's erspart*[31].

Später sagte er einmal zu Willi Reich, wie er überhaupt bei dieser inneren Verfassung im nächsten Jahr, 1904, doch noch die Matura habe bestehen können, sei ihm *ganz unbegreiflich*[32]. Danach, endlich befreit zum eigenen Arbeiten, zog er sich auf den «Berghof» zurück, einen Familienbesitz am Ossiacher See in Kärnten, wo er sich auch späterhin immer wieder während des Sommers aufhielt. *Ich fühle ... die Sehnsucht nach den höchsten Spitzen der Schneeberge – nach klarer Eisesluft – dort wo man das Gefühl hat, man brächte keine Lüge über die Lippen ...*[33] *Und nun ein kleiner Abriß meines Lebens: Die ersten paar Tage ausgesprochenes Nichtstun: fleißig baden ... Gesicht und Hände bräunen, essen und (Bier) trinken. Goethes Briefe an Frau von Stein fortgesetzt. – Moderne deutsche Lyrik studiert (was recht unterhaltlich ist) ...*[34]

Im Oktober 1904 tritt er, zunächst unbesoldet, als Rechnungspraktikant in den Dienst der Niederösterreichischen Statthalterei, um sich gemäß dem Wunsch seiner Mutter auf die Laufbahn eines k. k. Regierungsbeamten vorzubereiten. Daneben besucht er juristische und musikwissenschaftliche Vorlesungen an der Wiener Universität.

In derselben Zeit findet die entscheidende Wendung seines Lebens statt: Der Bruder Charley war auf eine Annonce Arnold Schönbergs gestoßen, der sich zum Unterricht in Musiktheorie und Komposition empfahl. Er nahm ohne Albans Wissen einige seiner Lieder und legte sie Schönberg vor. Wenn dieser den jungen, völlig ungeschulten Mann daraufhin zum Unterricht annahm – und zwar wegen der verschlechterten finanziellen Verhältnisse der Bergschen Familie zunächst kostenlos –, so läßt das immerhin einen Rückschluß auf erhebliche schöpferische Qualitäten in diesen Liedern zu. Schönberg hat sich später erinnert: «Schon aus Bergs frühesten Kompositionen, so ungeschickt sie auch gewesen sein mögen, konnte man zweierlei entnehmen: Erstens, daß Musik ihm eine Sprache war und daß er sich in dieser Sprache tatsächlich ausdrückte; und zweitens: überströmende Wärme des Fühlens. – Er war damals etwa achtzehn Jahre alt, das ist lange her, und ich

Arnold Schönberg

kann nicht sagen, ob ich auch damals schon Originalität erkannte. Es war ein Vergnügen, ihn zu unterrichten. Er war fleißig, eifrig und machte alles aufs Beste. Und er war, wie alle diese begabten jungen Menschen aus dieser Zeit, durchtränkt mit Musik, lebte in Musik. Er besuchte und kannte alle Opern und Konzerte, spielte zu Hause Klavier vierhändig, las bald Partituren, war begeisterungsfähig, unkritisch, aber empfänglich für altes und neues Schöne, sei es Musik, Literatur, Malerei, bildende Kunst, Theater oder Oper.»[35]

Die sechsjährige Studienzeit bei Schönberg (1904–10), die damit zusammenhängenden künstlerischen wie menschlichen Erfahrungen und Bindungen sind das Fundament von Bergs ganzer späterer Entwicklung.

Hauptziel Schönbergs war es zunächst, daß es ihm «gelingen sollte, einem Schüler das Handwerkliche unserer Kunst so restlos beizubringen, wie es ein Tischler immer kann!»[36]. Der Aufbau des Studiums war traditionell klar gegliedert in Theorie- (Harmonie und Kontrapunkt) und Kompositionsunterricht (Fugen- und Sonatenform). Neben der Lösung entsprechender Aufgaben durch den Schüler stand aber immer die gemeinsame Analyse der klassischen Meisterwerke von Bach bis Brahms im Vordergrund des Unterrichts. Nie wurden etwa Schönbergs eigene Werke zum Maßstab gesetzt. «Man ist der Meinung, Schönberg lehre seinen Stil und zwinge den Schüler, sich diesen anzueignen. Das ist ganz und gar falsch. – Schönberg lehrt überhaupt keinen Stil ... er folgt mit höchster Energie den Spuren der Persönlichkeit des Schülers, sucht sie zu vertiefen, ihr zum Durchbruch zu verhelfen.»[37] Diese enorme Fähigkeit des Lehrers begründete die ungeheure Wirkung seines Unterrichts. Nur so ist es zu erklären, daß außer vielen anderen, weniger hervorragenden, zwei so grundverschiedene Komponistenpersönlichkeiten wie Berg und Webern gleichzeitig aus seiner Schule hervorgehen konnten.

Schönberg selbst zeigte sich über den Erfolg seines Unterrichts an Berg höchst zufrieden. Er sei «ein außerordentliches Kompositionstalent. Aber in dem Zustande, in dem er zu mir gekommen ist, war es seiner Phantasie scheinbar versagt, was anderes als Lieder zu komponieren. Ja selbst die Klavierbegleitungen zu diesen hatten etwas vom Gesangsstil. Einen Instrumentalsatz zu schreiben, ein Instrumentalthema zu erfinden, war ihm absolut unmöglich. Sie können sich kaum vorstellen, welche Mittel ich aufgewendet habe, um diesen Mangel im Talent zu beheben. Gewöhnlich gelingt das Lehrern absolut nicht, weil sie gar nicht erkennen, wo das Problem steckt, und da entstehen dann Komponisten, die nur für ein einziges Instrument denken können. (Ein typisches Beispiel hierfür ist Robert Schumann.) Ich habe diesen Mangel behoben und bin überzeugt, daß Berg sogar später sehr gut instrumentieren wird.»[38]

Unter den Mitschülern traf Berg Gleichgesinnte, mit denen er nicht nur fachlich verbunden, sondern denen er sein Leben lang ein treuer Freund blieb: Erwin Stein und Egon Wellesz (beide von ihrem Mu-

Das Opernhaus in Wien

sikgeschichtsprofessor Guido Adler, einem Freund Mahlers, zu Schönberg geschickt), Karl Horwitz, Heinrich Jalowetz, Paul Königer, Paul
Linke, Josef Polnauer und vor allen Anton von Webern. Webern und
Berg wurden schnell die engsten Freunde. So verschieden sie von Na-
turell und in ihrem eigenen Schaffen waren, so sehr haben sie sich gegenseitig als Menschen geliebt und als Musiker verehrt. Der bislang
leider unpublizierte Briefwechsel von 600 Briefen und Karten setzt dieser ungetrübten Freundschaft ein bleibendes Denkmal.

VORBILDER UND ERSTE KOMPOSITIONEN

Von größter Bedeutung für den jungen Berg war – und er blieb es zeitlebens – Gustav Mahler (1860–1911), eines seiner *lebenden Ideale* [39].
Während dessen Zeit als Direktor der Wiener Hofoper, von 1897 bis
1907, erlebte diese Bühne eine nie dagewesene und – wie alle Berichte
einhellig bezeugen – auch später nie wieder erreichte Höhe. Mahler war
das Idol der musikalischen Jugend Wiens. «Damals haben wir junge
Menschen an ihm die Vollendung lieben gelernt, wir haben erkannt
durch ihn, daß es dem gesteigerten Willen, dem dämonischen, doch immer möglich ist, mitten in unserer fragmentarischen Welt, aus dem

21

brüchigen irdischen Material für eine Stunde, für zwei, das Einzige, das Makellose aufzubauen, und er hat uns dadurch gewärtig gemacht, es immer wieder zu erwarten. Er ist uns damals ein Erzieher geworden und ein Helfer. Keiner, kein anderer in jener Zeit hat ähnliche Gewalt über uns gehabt.»[40]

Alban Berg gehörte zu den jungen Leuten, die nach Möglichkeit keine Aufführung des «Fidelio», der Mozart- und Wagner-Opern ausließen – wie übrigens auch Helene Nahowski, seine spätere Frau, die er eine ganze Saison lang auf der Galerie von ferne sah, ehe sie sich 1907 kennenlernten. Als Mahler die Direktion der Hofoper niedergelegt hatte und am 9. Dezember 1907 Wien verließ, erschien das Paar in einem Kreis Gleichgesinnter am Westbahnhof zum Abschied. Man macht sich heute kaum einen Begriff vom Ausmaß dieser Mahler-Liebe; so wurde etwa der nach der ersten Wiener «Vierten» (1902) eroberte Taktstock von Berg zeitlebens wie eine Reliquie bewahrt. Ebenso geschah es später mit zwei Skizzenblättern, die die mit dem Ehepaar Berg eng befreundete Alma Mahler-Werfel ihm geschenkt hatte.

Die zunächst ganz spontane Verehrung, die dem Dirigenten wie dem Komponisten Mahler galt, wurde durch den Unterricht bei Schönberg gleichsam rational bestätigt und bestärkt. Schönberg, der zwar erst spät (1903), dann aber zum begeistertsten Apologeten Mahlers wurde, wies seine Schüler immer wieder auf dessen Werke und analysierte sie mit ihnen.

Die einzige persönliche Begegnung zwischen Berg und Mahler fand statt, als dieser im Sommer 1907 einige junge Musiker, darunter die Schönberg-Schüler, nach Grinzing einlud. Im Gespräch erkundigte er sich bei Berg, ob er auch vorhabe, Dirigent zu werden, und beteuerte auf dessen Verneinung, das sei auch richtig: wenn man komponiert, solle man besser nicht dirigieren.[41] Berg hat freilich nie größere Neigung zum Orchesterleiten bekundet, wenn er auch zeitweise offenbar mit dem Gedanken spielte, in Hinblick auf eine berufliche Sicherheit ans Theater zu gehen. Das Vorbild Weberns dürfte ihn dazu veranlaßt haben. Aber der Freund, der damals (1911) in Danzig die Operetten zu dirigieren hatte, riet ihm entschieden ab: «Aber Du mein Lieber, laß doch das. Also das weiß ich bestimmt: länger als 8 Tage bleibst Du nicht darin. Deine Lust dazu überschätzt Du jedenfalls ungeheuer. Mir ist der Gedanke so sympathisch, daß Du mit dieser Sache nichts zu tun hast.»[42] Bergs Dirigententätigkeit beschränkte sich denn auch darauf, *die Chöre zu den Gurreliedern einzustudieren*[43].

Am 18. Mai 1910 wandte sich Berg zum erstenmal an den Verleger Mahlers (und seinen späteren eigenen), Emil Hertzka, Direktor der Universal Edition (UE). Der Brief, in dem er auch Mahlers einziges Schreiben an Berg zitiert, sei hier ganz wiedergegeben:

Hochgeehrter Herr Direktor   *Wien, Mittwoch, 18. V. 10*
Auf mein Ersuchen, mir zu gestatten, daß ich schon jetzt käuflich in

Gustav Mahler, um 1905

Emil Hertzka

den Besitz eines Klavierauszuges zur 8ten Mahler-Symphonie gelangen könnte, erhielt ich folgende Antwort:

Lieber Herr Berg! Leider besitze ich selbst kein Exemplar, da ich die meinigen bereits an meine Freunde gegeben. – Bei Gelegenheit werde ich dem Direktor Hertzka Ihren Wunsch mittheilen, und ich denke, daß er ihn gerne erfüllen wird. Indessen können Sie ja bei Schönberg hospitiren. Mit herzlichsten Grüßen, Ihr ergebenster Mahler. *Ich frage nun höflichst und ergebenst an, ob Sie, hochgeehrter Herr Direktor, gewillt sind, mit dieser Erlaubnis Mahlers meinen Wunsch zu erfüllen, und werde mir daher erlauben, morgen Donnerstag vormittag diesbezüglich telefonisch anzufragen. Mit vorzüglichster Hochachtung, Ihr ganz ergebener Alban Berg.*[44]

Bergs ehrfürchtige Liebe zum *heiligen Mahler*[45] tritt uns aus zahllosen Äußerungen entgegen – etwa wenn er an seine Frau schreibt: *Und diese Musik! . . . da können wir alle einpacken!!*[46] Die Aufführungen unter Mahler selbst, später unter Bruno Walter, vor allem aber unter der Leitung Weberns waren Höhepunkte für ihn (wir haben heute vergessen, daß Webern zu den hervorragenden Dirigenten seiner Zeit gehörte): *Beim ersten Satz* (der «Dritten» unter Webern), *dieser einmaligen, unendlichen Steigerung erging's mir altem Teppen genau wie vor 20 Jahren unter Mahler. Das ist ganz einfach nicht auszuhalten, ich wä-*

re am liebsten hinausgerannt. *Aber das ist eben nur so erklärlich, daß
hier zum erstenmal nach Mahler wieder das richtige Tempo und damit
der richtige Klang in Erscheinung trat.*[47]

Auch Richard Strauss wurde zeitlebens hoch verehrt, wenngleich im
menschlichen Bereich ebenso wie künstlerisch mit zeitweiliger Skepsis.
Die österreichische Erstaufführung der «Salome» 1906, zu der Berg –
wie übrigens auch Mahler, Alexander von Zemlinsky und Schönberg –
nach Graz reiste, wurde zu einem ebenso wesentlichen Erlebnis wie die
Reisen zu Mahler- oder Schönberg-Aufführungen nach München («Lied
von der Erde», 1911) oder Prag («Pelleas und Melisande», 1912). Was
ihn an Strauss so fasziniert hat, war wohl außer dessen moderner Harmonik vor allem der theatralische Instinkt und die enorme Instrumentationskunst. Dagegen hatte er *jetzt 33 Lieder Straussens in Händen gehabt und bin ganz ernüchtert von diesen Compositionen, was soweit geht,
daß ich auch an der Musik des Rosenkavalier zweifle*[48], schrieb er an
Webern, dem seinerseits «Strauss etwas ganz und gar unsympathisches»
war.[49] Auch Schönberg, der Strauss in seiner ersten Berliner Zeit na-
hegestanden hatte, war später, «seit ich Mahler verstehe»[50] und besonders nach einigen kräftigen Äußerungen des Bayern über Werke
wie «Pierrot lunaire», sein Gegner. Das führte zu der köstlichen Maßnahme, daß bei Besuchen Schönbergs im Hause Berg die Strauss-Noten
versteckt wurden ...

1907, nach dreijährigem Studium, *beendigte* Berg *bei Schönberg die Kontrapunktstudien und ich freue mich sehr, seine Zufriedenheit – wie ich durch Zufall erfuhr – erlangt zu haben. Nun geht's auf die «Komposition» im folgenden Herbst.*[51] Acht Schüler Schönbergs stellten sich am 7. November mit ihren Kompositionsarbeiten der Öffentlichkeit vor. Neben Stücken von Karl Horwitz, Heinrich Jalowetz, Erwin Stein, Anton von Webern und anderen kam Berg mit drei Liedern und einer *Doppelfuge für Streichquintett mit Klavierbegleitung* zu Gehör, wobei er selbst den Klavierpart spielte. Dieses (offenbar nicht erhaltene) Stück war während des Unterrichts im Sommer entstanden und nach dem Zeugnis des Lehrers «übervoll an Kunststücken ... Aber ich sah», fährt Schönberg fort, «bereits damals, was ich ihm zutrauen konnte: als die Fuge fertig war, beauftragte ich ihn, noch eine begleitende Klavierstimme in der Art eines Continuo hinzuzufügen, was er nicht nur ausgezeichnet löste, sondern er verstand noch zahlreiche kleine Teufeleien anzubringen.»[52]

Über zur selben Zeit entstandene sechs- bis achtstimmige Chöre, die Redlich erwähnt[53], weiß man weiter nichts, auch nichts über jene *Streicher-Variationen,* von denen Berg 1908 in einem Brief berichtet.[54] Daneben entstanden, auch ohne daß wir dazu Einzelheiten sagen könnten, Lieder – unter ihnen alle später publizierten –, in denen Berg *immer das Beste gab, was ich jeweilig geben konnte*[55].

Das erste erhaltene und auch in einigen äußeren Details näher bekannte Instrumentalstück sind die *Zwölf Klaviervariationen über ein eigenes Thema* in C-Dur. Es ist weniger eine genuine schöpferische Leistung des jungen Berg (weshalb er es auch nicht selbst veröffentlichte) als vielmehr ein Spiegel des strengen und an großen Vorbildern ausgerichteten Unterrichts bei Schönberg. Die Erinnerung an Brahms, ja auch an Reger, diese beiden Vollender der Variationsform, ist harmonisch, im Klaviersatz und ebenso in einigen metrischen Feinheiten deutlich spürbar. Die *Variationen,* 1907 begonnen und 1908 beendet, wurden im zweiten Konzert der Schönberg-Schüler im Großen Musikvereinssaal, als auch Weberns «Passacaglia» op. 1 zum erstenmal erklang, uraufgeführt. Anläßlich dieses Konzerts mußte sich Berg – zusammen mit Erwin Stein – auch bereits in seiner später oft geforderten Eigenschaft als Organisator bewähren; er hatte *die letzte Zeit wahnsinnig viel Laufereien und Schreibereien: Kartenverkauf, Kartenversendungen, Plakatierungen, Zeitungsannoncen, Analyse . . .*[56]

Die Kritiken danach lauteten widersprüchlich: zum einen warfen sie Bergs *Variationen* vor, sie «verstrickten sich schon nach acht Takten im Gewirr unbeschreiblicher Modulationen», zum anderen aber wurden sie auch als «fein und reich in der melodischen Erfindung, famos im Klaviersatz ... auf starkes kompositorisches Talent» deutend gewürdigt.[57]

Richard Strauss

SONATE OP. 1

Neben diesen unter Schönbergs direkter Anleitung entstandenen Arbeiten sollte Berg – so berichtet er einer Jugendfreundin – einerseits *Kontrapunkt wiederholen*, andererseits aber auch *drauf los komponieren*, und er bemerkt: *Ich mach' jetzt so für mich eine Klaviersonate.*[58] Sie entstand 1907/08 und wurde 1910 als op. 1 veröffentlicht. Zunächst dreisätzig konzipiert, wollte Berg nach dem ersten Satz *lange nichts rechtes einfallen*, worauf ihn Schönberg beruhigte: «Nun, dann haben Sie eben alles gesagt, was zu sagen war!»[59] Dreisätzigkeit war zwar der Normalfall, aber nicht die Bedingung für die Gattung Sonate, wie die Klassiker sie geprägt hatten. Festgefügt hingegen war die sogenannte «Sonatenform» (bezogen auf ihren typischen ersten Satz): Zwei gegensätzliche Themen werden – im tonartlichen Spannungsverhältnis Tonika/Dominante – aufgestellt (Exposition), werden dann verarbei-

27

tet, das heißt dialogartig miteinander verwoben (Durchführung) und kehren schließlich – jetzt beide in der Grundtonart – wieder (Reprise).

Diese Form hat Berg äußerlich zugrunde gelegt, jedoch in Einzelheiten modifiziert. Nicht mehr die klare dialektische Haltung, sondern die Tendenz zum «totalen Durchführungscharakter» (Adorno [60]) auch in Exposition und Reprise, nicht mehr die Entfaltung langer melodischer Themen, sondern ihre Reduzierung auf prägnante Motive, die schon nach ihrem ersten Auftreten für den weiteren Verlauf bestimmend werden, sind das Wesentliche dieser Veränderung. Ein solches Hervorheben thematisch-motivischer Arbeit, eine ursprünglich ja dem kontrapunktischen Denken entstammende (beim späten Beethoven aber bereits in die Sonatenform eingebrachte) Haltung entsprach ganz der von Schönberg angestrebten Durchorganisierung des kompositorischen Materials. Sie war in ihrer letzten Konsequenz dazu geeignet, die Sonate im doppelten, hegelschen Wortsinn aufzuheben: ihr überkommenes Formschema aufzulösen, seinen Inhalt und Geist aber zu retten, nämlich das dialektische Prinzip neuen Entwicklungen dienstbar zu machen. (Manche Formenbildungen Webernscher und auch späterer serieller Musik sind wohl nur als – freilich prismatisch gebrochene – Spiegelungen des alten Sonatengeistes erklärbar.)

Bergs op. 1 bezeichnet hier genau die Scheidegrenze, indem es die Großform zwar erfüllt «wie das Gesetz es befahl», indem es aber im Detail neue Methoden einführt, worin Adorno gar «ohne Deutekünste... eine Vorform der späteren Reihentechnik finden» möchte.[61] Das Neue liegt aber nicht nur in der Materialbehandlung, sondern schon im Material selbst, nämlich einerseits in einer harmonischen Maßnahme: der Bevorzugung von Quartenakkorden (nach dem Vorbild von Schönbergs «Kammersymphonie» in E-Dur, 1906) und Septintervallen, andererseits in einer melodischen: der vielfach ganztönigen, vielfach chromatischen Stimmführung und ebenfalls der Bevorzugung der Quart an Stelle der Terz als melodischem Element. Somit sind die tonartlichen Bezüge, nämlich nach der Tonika h-moll, ständig verschleiert; folglich setzt auch das zweite Thema (Takt 29 und 137) nicht mit einer klar definierten Dominantwirkung, sondern mit einem Nonenakkord ein.

Trotzdem läßt sich das ganze, an keiner Stelle «atonale» Stück in seiner harmonischen und damit auch formalen Struktur ebenso wie ähnlich komprimierte Akkordbildungen und Modulationsgänge bei Strauss, Reger oder dem frühen Schönberg – mit einiger Mühe allerdings – funktionsharmonisch deuten.

Wir wollen hier, um wenigstens in einem kleinen Bereich das Gesagte anschaulich werden zu lassen, die ersten drei Takte der Sonate (mit Auftakt) betrachten. Es handelt sich formal um den «Vordersatz des 1. Themas», also um die erste abgeschlossene musikalische Gestalt. In diesen Takten sind nun die wichtigsten Bausteine für die ganze Komposition vorgegeben:

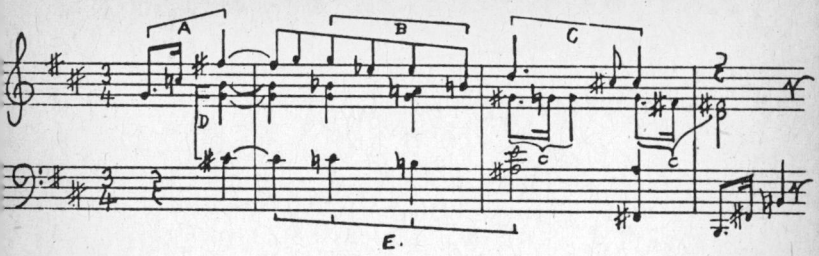

A ist das Quartelement, das hier zunächst nur melodisch, später auch akkordisch gebunden auftritt, B in derselben Weise eine Bildung aus großer Terz und verminderter Quart – ein übermäßiger Dreiklang, wie er auch später häufig vorkommt. C ist ein chromatisches Motiv in punktierten Achteln, das zugleich vergrößert (punktierte Viertel) erscheint. D (Septintervall) und seine chromatischen Abwärtsführungen E (cis/h, c/b, h/a und ais/gis) sind ebenfalls konstitutive Elemente.

Harmonisch stellt diese Gruppe eine mehrfach umspielte, verschleierte Kadenz in die Grundtonart h-moll dar. Dabei ist bezeichnend, daß Berg den frei eingeführten «neapolitanischen Sextakkord» zu h-moll zunächst als C-Dur deutet. So ist der aus dem Auftakt übergebundene Akkord cis'/g'/h'/fis'' erklärbar als chromatischer Vorhalt zu c'/g'/c''/g'', also einem C-Akkord – freilich ohne Terz –, der auch nachträglich (g'' in der Oberstimme, c im Baß) erreicht, dabei aber sogleich durch das b' in einen Dominantseptakkord (ohne Terz e) zu F-Dur umgedeutet wird. Das nächste Achtel der Oberstimme (es'') greift aber dessen Auflösung nach F-Dur vor und führt in eine chromatisch weiter abwärtsrückende Akkordfolge, die dominantisch zu C ist. Der ganze erste Takt ist also eine verfremdete Kadenz über C-Dur, welches selbst nun im Takt 2 als die Tonart begriffen wird, die zu h-moll im «neapolitanischen» Subdominantverhältnis steht und über die Dominante in die Tonika (Takt 3) geführt wird, so daß unser ganzes dreitaktiges Gebilde also eine Kadenz über h-moll bildet.

Diese komplizierte harmonische Entwicklung – ähnlich könnte man die ganze Sonate durchgehen – wird aber nicht um eines klanglichen Effekts oder um der «Farben» willen ins Werk gesetzt, sondern sie ist das Ergebnis des eng ineinandergestrickten motivischen Zusammenhangs und der polyphonen Stimmführung. Schönbergs Gedanke der grundsätzlichen Einheit von Melodie und Harmonie – Grundlage auch seiner ganzen späteren Entwicklung – schlägt hier deutlich zu Buche.

Es ist bereits jetzt angebracht, auf einen grundsätzlichen Unterschied in der Musik der Schönberg-Schule und derjenigen gleichzeitiger französischer, russischer, italienischer und auch anderer deutscher Komponisten hinzuweisen. *Nimm dem Debussy und Ravel, Skrjabin und wie sie heißen, die gewisse verschwommene Harmonie weg, was bleibt? (Bei Debussy vielleicht zwei, drei Motive von 5 Tönen). In Werken Schön-*

bergs aber, besser an Stellen, wo eine gewisse ähnliche Harmonik vor-
kommt: Ganztöne und Quarten-Akkorde, wird man dann eben immer
jene unerhörte Melodik finden, die sich's an einer Stimme nicht genug-
tut, sondern im ununterbrochenen Kontrapunkt vieler gleich schöner
Themen fortschreitet.[62] Für Berg war also dieser Unterschied, der durch
eine andere Tradition und ein ganz anderes Musikwollen hervorgerufen
war, gleichzeitig ein qualitativer, wenn er auch – wie wir wissen – gerade
Debussy, Ravel und Skrjabin durchaus liebte.

Diese Haltung entsprach dem Musikdenken der Wiener Schule, die
in der Linie Bach – später Beethoven – Brahms/Wagner – Mahler und
schließlich Schönberg das höchste kompositorische Niveau sah. Andere
Arten von Musik, etwa Berlioz, etwa Verdi, erfüllen nach dieser Ansicht
nicht die Bedingungen «ganz großer» Kunst. Schönbergsche Äußerungen über altenglische Virginalisten, über Händel und andere «nicht auf
der Linie liegende» Musik zeigen deutlich, daß er dort Primitivität des
kompositorischen Satzes konstatieren mußte, wo gerade für andere – etwa für Strawinsky bei Pergolesi («Pulcinella») – eine frische Quelle zu
neuer Entwicklung lag. Wenn etwa Strawinsky bei Bellini eher als bei
Beethoven die primäre Gabe zur Melodie bewundert, wenn andererseits
derselbe Strawinsky Reger zeitlebens abstoßend und langweilig findet[63], wenn etwa Debussy sich gegen den Einfluß der deutschen Musik stellte, wenn Puccini die «Gurre-Lieder» als «wagnerisch» ablehnte – dann sind einige fundamentale Unterschiede in den nationalen Tra-
ditionen, in ihren ästhetischen Auffassungen angedeutet. Diese Fragen
erforderten eine Diskussion, für die hier nicht der Ort sein kann; das
ganze Problem klassizistischer Tendenzen in den zwanziger Jahren gehörte dazu. Indem Berg in ihnen die *atavistische Bewegung des «Zurück*
zu!»[64] ablehnte, hatte er als Komponist, dem es galt, eine bestimmte
Tradition ungebrochen weiterzuführen – seine, die von der Schönberg-
Schule verkörperte –, subjektiv recht. Es ist allerdings, das soll hier betont werden, einseitig, ohne Sinn fürs Historische und daher unangemessen, diese Anschauung zu verallgemeinern, zu einer «Philosophie der
neuen Musik» zu erheben und von diesem vermeintlich objektiven
Standpunkt aus alle Musik zu werten, wie Adorno es getan hat[65] und
viele in seiner Nachfolge es weiter tun.

LIEDER op. 2

Das nächste Werk, das Berg wie seine *Sonate op. 1* herausgab, waren
Vier Lieder für eine Singstimme mit Klavier op. 2 nach Gedichten von
Hebbel und Mombert. Sie erschienen ebenfalls in dem Berliner Verlag
Lienau auf eigene Kosten und in eigener Aufmachung: *Sag', gefallen*
Dir die Titelblätter? Die hab ich selbst gezeichnet! Schönberg ist befrie-
digt von ihnen[66], schrieb er an Webern.

30

In der Wahl der Texte zeigt sich bereits Bergs literarischer Qualitätssinn: Friedrich Hebbels «Schlafen, Schlafen» und drei Gedichte aus dem Zyklus «Der Glühende» (1896) von Alfred Mombert. Allen vier Gedichten ist die Sphäre des Unbewußten, Traumhaften gemeinsam. Die drei ersten reden vom Schlafen, ihre Aussage ist knapp und klar:

op. 2, Nr. 1 (Hebbel)

> Schlafen, schlafen, nichts als schlafen!
> Kein Erwachen, keinen Traum!
> Jener Wehen, die mich trafen,
> Leisestes Erinnern kaum,
> Daß ich, wenn des Lebens Fülle
> Niederklingt in meine Ruh,
> Nur noch tiefer mich verhülle,
> Fester zu die Augen tu!

op. 2, Nr. 2 (Mombert)

Schlafend trägt man mich
In mein Heimatland.
Ferne komm ich her,
Über Gipfel, über Schlünde,
Über ein dunkles Meer
In mein Heimatland.

op. 2, Nr. 3 (Mombert)

Nun ich der Riesen stärksten überwand,
Mich aus dem dunkelsten Land heimfand
An einer weißen Märchenhand –

Hallen schwer die Glocken.
Und ich wanke durch die Gassen
Schlafbefangen.

Das vierte dagegen läßt eine mehrschichtige Traumwelt aufklingen:

op. 2, Nr. 4 (Mombert)

Warm die Lüfte,
Es sprießt Gras auf sonnigen Wiesen.
Horch! –
Horch, es flötet die Nachtigall ...
Ich will singen:
Droben hoch im düstern Bergforst,
Es schmilzt und glitzert kalter Schnee,
Ein Mädchen in grauem Kleide
Lehnt an feuchtem Eichstamm,
Krank sind ihre zarten Wangen,
Die grauen Augen fiebern
Durch Düsterriesenstämme.
«Er kommt noch nicht. Er läßt mich warten» ...
Stirb!
Der Eine stirbt, daneben der Andre lebt:
Das macht die Welt so tiefschön.

Das Schwebende dieses Gedichts, die ungeklärten Beziehungen seiner einzelnen Aussagen zueinander, seine symbolistisch-visionäre Bildermischung mochten Berg bewogen haben, hier erstmals die Bindungen der Tonalität ganz zu verlassen. Das *dritte Mombert-Lied* ist seine erste atonale Komposition. Neben Schönbergs «Herzgewächsen» op. 20 nach Maeterlinck und Weberns George-Vertonung «Ihr tratet zu dem Herde» op. 4, Nr. 5 wurde es 1912 im «Blauen Reiter» von Kandinsky und Marc publiziert und ist damit auch äußerlich hervorgehoben. Die drei ersten Lieder halten sich dagegen an dieselbe zwar erweiterte, aber im ganzen

wesentlich konventioneller angewandte Tonalität, wie wir sie aus der
Sonate kennen.

Daß nun trotz des herausfallenden vierten Liedes die Lieder insgesamt als zusammengehörige Gruppe wirken, verdanken sie nicht nur
der einheitlichen Textsphäre, sondern auch einem musikalischen Mittel: Berg hat sie durch wiederkehrende Akkorde zyklisch gefaßt. Ein
Beispiel: Die charakteristischen Quartenharmonien vom Anfang des ersten Liedes kehren am Ende des vierten wieder – eine an Schumann erinnernde Maßnahme. Es ist dabei aufschlußreich, zu sehen, welchen unterschiedlichen Stellenwert die identischen Akkorde im ersten und vierten, im tonalen und atonalen Lied haben: Während derselbe fünfstim-
mige Akkord in Nr. 1 (Takt 5) ein alterierter Nonenakkord ist und als
solcher im tonalen Kontext steht, nämlich harmonisch verständlich ein-
geführt und weitergeleitet wird, ist dieselbe freistehende, unaufgelöste
Bildung in Nr. 4 (viertletzter Takt) «atonal», das heißt mit den Mitteln
traditioneller Harmonielehre nicht mehr zu erklären. Schönberg zitierte
ihn denn auch als «einen interessanten Fall» in seiner Harmonielehre.[67]

Wenn die Biographen – vorweg Adorno [68] – diese Lieder zum Anlaß nehmen, Berg mangelnde lyrische Begabung zugunsten seiner dramatischen nachzuweisen, dann ist zu widersprechen. Sicher: Klavierglissando, orchestrale Klangballungen, *martellato* «gehämmerte» Töne in der untersten Oktave beim Ausruf *«Er kommt noch nicht. Er läßt mich warten . . .»*, das in den verklingenden Donner dann *tonlos* gesungene *Stirb!* sind opernhafte Mittel. Aber sie beweisen nicht fehlenden «lyrischen Sinn», sondern haben eben hier, dem eruptiven Text gemäß, auch im Lied ihren Platz. Andererseits ist ja Berg auch in der Oper *natürlich der Gelegenheit, Liedmäßiges und Arioses zu schreiben, wie es sich innerhalb eines Dramas . . . ergibt* [69], gefolgt. Er war doch nicht «nur» Dramatiker, wie etwa Webern nicht «nur» Lyriker war. Solches Schubladendenken ist unangemessen. Es hilft der Erkenntnis Bergscher Kunst nichts und kann, mit Lessing zu sprechen, wie jedes «aus allgemeinen Begriffen über die Kunst Vernünfteln . . . zu Grillen verführen, die man über lang oder kurz zu seiner Beschämung in den Werken widerlegt findet» [70]. Über lang – da bedarf es bloß der Erwähnung der noch nicht bekannten 130 Lieder und der Erinnerung an Schönbergs Urteil dazu (vgl. S. 18 f). Über kurz – man betrachte etwa das *Hebbel-Lied*: In seinem dreiteiligen Aufbau, seiner einheitlichen, völlig undramatischen Diktion und dem metrischen 6/8-Gleichmaß ist es, entsprechend dem Vorbild musikalischer Lyrik, wie Schubert sie geschaffen hatte, absolut liedhaft.

MENSCHLICHE PRÄGUNGEN:
ARNOLD SCHÖNBERG UND HELENE BERG

Als Schönberg 1911 nach Berlin übersiedelt, ist Bergs Unterricht bei ihm offiziell beendet; aber er bleibt weiter Schönberg-Schüler und dem Meister eng verbunden. Es scheint angebracht, hier einen längeren Blick auf diese Beziehung zu werfen, die für Berg das bestimmende künstlerische und – neben seiner Frau Helene – das entscheidende menschliche Verhältnis bedeutete.

Für uns heute ist es ungemein schwer, sich Schönberg recht vorzustellen. Seine eigenen Äußerungen und die Zeugnisse anderer geben zwar nur ein fragmentarisches, wiewohl bereits ein imposantes, in seinen Bann ziehendes Bild. Ein unbehagliches Gefühl wird man allerdings angesichts seiner Egozentrik, seiner Unduldsamkeit und seines Absolutheitsanspruchs schwer ganz los. Andererseits muß man diese Eigenschaften verstehen bei jemandem, der selbst ein Leben lang verkannt wurde und um Anerkennung dessen, was ihm das einzig Richtige schien, kämpfen mußte.

Zweifellos war Schönberg «autoritär» – er konnte, mußte es geradezu auf Grund seines schöpferischen Geistes sein –, ohne daß die bekannte Forderung nach «Antiautorität» sein Niveau überhaupt hätte tangieren können. Joseph Roths Wort «Ich diskutiere nicht, ich belehre» wäre ebensogut von ihm denkbar. Er erwartete von seinen Schülern und Anhängern – kompromißlos, wie er gegen sich selbst war – kompromißlose Gefolgschaft, absolute Treue – und sie wurde ihm dargebracht. Der Grad unbedingter Liebe seitens seiner Schüler ist nur erklärlich, wenn man neben dem künstlerisch Vorbildlichen auch die persönliche Ausstrahlung dieses Mannes, seine Faszination sich vorzustellen versucht. Wie Kokoschka sich gelegentlich erinnerte, war er «ein Genie der Rede». *Sinn und Gebärde und Tonfall seiner Rede zu missen ... fern von all diesen Göttlichkeiten weilen zu müssen, die Spaziergänge mit Schönberg entbehren zu müssen* war ein Grund zum Traurigsein. *Zweimal wöchentlich erwarte ich ihn am Karlsplatz von den Conservatoriumslektionen und die $^1/_4$, $^1/_2$ Stunde Spaziergang mitten im Lärm der Stadt, der unhörbar wird vor dem Dröhnen seiner Worte, – – dann wöchentlich zweimal draußen in Ober St. Veit bei ihm selbst, wo ich in die Stunde immer die Fortsetzung der Gurrelieder bringe, seine neuen Bilder sehe, Mahlerlieder anschaue – – Dir davon zu erzählen heißt ja nur Dein Leiden, Dein Entbehren vergrößern*[71], schreibt Berg 1910 an Webern, der damals als Kapellmeister in Danzig lebte. Der Mitschüler Egon Wellesz sprach von der «schwer begreiflichen Unterwürfigkeit Bergs und Weberns» Schönberg gegenüber.[72] Die beiden empfanden das Verhältnis «so wie bei einem Vater».[73] Sein Lob bewirkte tagelange Freude, sein Tadel, oder schon die Vermutung, ihn eventuell verstimmt zu haben, war oft Grund für Depressionen. Dann trösteten die Freunde einander: «Und da ich weiß, wie durchaus lauter und wie groß Deine Liebe zu ihm ist, so bin ich überzeugt, daß er Dich wieder sehr gern haben wird. D. h. das hat er doch jetzt auch. Aber er glaubt, daß Du ihn nicht so liebst, wie er es vermutete. Und davon wird er sich wieder überzeugen. – Er ist doch der Schönberg ... Mein Lieber, der Arme hat so viel auszustehen. Ist es nicht begreiflich, daß er hart wird, wenn er sich um Liebe betrogen glaubt ...»[74] Berg wiederum war erfüllt von dem Wunsch, *immer wieder alles zu versuchen, um Schönberg von meiner tätigen und unerschütterlichen Anhänglichkeit zu überzeugen*[75]. Rührend ist, zu verfolgen, wie er, Webern und einige andere sich für den Lehrer, dem es ja finanziell meist schlecht ging («Jeder zahlt soviel, als er seinen Verhältnissen gemäß kann» war sein Grundsatz; viele Schüler, die begabt, aber mittellos waren, erhielten kostenlosen Unterricht), einsetzten: Sie machten ihm nicht nur großzügige gemeinsame Geschenke, sie sammelten auch dafür, daß er zum Beispiel von Berlin nach Wien oder zur Mahler-Aufführung 1911 nach München kommen kann. *Man muß das sehr geschickt einfädeln, daß Schönberg gar nicht erst in die Lage kommt zu zahlen.*[76] Sie setzten, als er stellungslos war, nicht nur Bittschreiben an Mäzene auf; sie intervenierten nicht nur, als er das Stipendium des Mahler-Fonds erhielt, für dessen Verlängerung, denn *von was soll Schönberg leben?*[77]. Sie setzten sich auch dafür ein, daß er als Dirigent in Wien auftreten konnte, und – besonders wichtig –

sie versuchten mehrfach, und waren 1917 schließlich erfolgreich, Schönberg vom Militärdienst freizustellen – ein Privileg, das man Franz Lehár gegenüber schon 1914 selbstverständlich eingeräumt hatte.

Schönberg seinerseits half auch, wo er konnte, und die Schüler waren «so wunderbar beglückt von Schönbergs Fürsorge»[78]. Er war sich der Verantwortung seiner geistigen Vaterrolle bewußt.

Allerdings gab es auch Mißstimmungen. *Überhaupt hat Schönberg jetzt wieder «Förderer-Laune» . . . Aber so lieb das alles ist, und so viel es mir auch helfen mag . . . es geschieht immer mit einer solchen Art von Bevormundung, ja Vergewaltigung, daß es mich mehr ärgert als freut.* Oder zur selben Zeit: *Schönbergs waren guter Dinge. Trotzdem war es nicht gemütlich, weil Schönberg ununterbrochen wegen meines Kammerkonzerts penzte. Er ist gegen das Klavier in dieser Mischung.*[79] Und wenig später: *Schönberg war wieder unleidlich, kritisierte alles an mir: daß ich noch immer am Wozzeck arbeite, «das ist Karl Krausisch, dieses ewige Korrigieren!», daß ich rauche, daß ich mir nicht einbilden soll, mit Wozzeck Erfolg zu haben, da er zu schwierig ist, und als ärgstes, daß ich noch immer nicht an der Bläser-Kammermusik schreibe.*[80] Die gelegentlichen Launen, wen er es *einem wirklich schwer macht*[81], und die zeitweiligen Trübungen änderten nichts an der Treue Bergs und daran, daß er in *mehr als in «großer und inniger Verehrung»*[82] sich ihm verbunden fühlte.

Neben den direkten Schülern gehörten noch andere Musiker zum engeren Schönberg-Kreis. Da ist zunächst Alexander von Zemlinsky (1872–1942) zu nennen, der einstige Lehrer, Freund und Schwager Schönbergs. Als Komponisten und Dirigenten, der noch Brahms persönlich gekannt und von ihm Ratschläge empfangen hatte, der sich schon früh für Mahlers Musik einsetzte, der mit seinen Kompositionen dem eigenen Empfinden nahestand, schätzte Berg ihn hoch, wie er ihn als Menschen besonders liebte. Die *Lyrische Suite* ist ihm gewidmet. Nach dem Tode von Zemlinskys Schwester Mathilde heiratete Schönberg wiederum «aus dem Kreise», nämlich Gertrud Kolisch, die Schwester Rudolf Kolischs, des Primarius des berühmten Wiener Streichquartetts, das mit der Entwicklung der neuen Musik unlösbar verbunden ist. Bergs *Lyrische Suite (Auch «Koli'sche Ensuite» genannt*[83]) wurde durch dieses Quartett bereits in der ersten Saison nach ihrem Erscheinen zu einem *Riesenerfolg*[84] in allen europäischen Musikzentren. Was Kolisch, erst in Europa und nach der Emigration in den USA, für die Kammermusik der Wiener Schule als Interpret wie als Lehrer bedeutete, das war der Busoni-Schüler Eduard Steuermann (1892–1964) für sie als Pianist.

Während seines ganzen Lebens mußte Berg mit seiner *elenden Gesundheit rechnen*[85]. Seit dem sechzehnten Lebensjahr litt er an Asthma, außerdem neigte er stets zu Entzündungen, *das geringste Wimmerl wird zum Abszeß*[86] – an einer tückischen Furunkulose mußte er schließlich

*Alexander
von Zemlinsky*

sterben. *Ich weiß mir wirklich keinen Rat und beginne, was wohl bei
mir selten ist, über meine Gesundheit zu verzweifeln.*[87] *An die Zu-
stände gewöhne ich mich ja verhältnismäßig schnell; aber das, was
mich so sehr bedrückt, ist die dadurch herabgeminderte – ja auf den
Nullpunkt gesetzte geistige Leistungsfähigkeit, und ich blicke mit
Schrecken dem kommenden Sommer entgegen*[88], schreibt der Sechs-
undzwanzigjährige an Webern. Selten war Anlaß zum Scherzen wie in
Briefen an seine Frau: *Sorg' Dich nicht um mich, ich habe eine Roßna-
tur!*[89] oder: *Mir geht's gesundheitlich sehr gut. Eben las ich, daß ein
Asthmatiker nie zuckerkrank ist! Und da ich auch keinen Gebärmutter-
krebs kriegen kann und man an Asthma nicht stirbt, so werde ich also
uralt –.*[90]

Körperliche und seelische Leiden waren bei ihm schwer zu trennen
und bedingten einander – *Du kennst ja mein Axiom: Es gibt nur Gei-
steskrankheiten!* [91] Der Arzt hielt ihn *für einen Hypochonder* [92], und
er selbst greift sich *an die Stirn, wo kalter Schweiß steht, und verwun-
dert lächelnd frag' ich mich: «Also doch verrückt?!!»*[93] Berg war jemand, der *jahrelang auf die Negation seines Körpers hin(ge)arbeitet*
hatte, der sich *wegen jedes Kilos freut, das er zu wenig hat, weil er weiß,*

37

daß das nur seinem Geiste zugute kommt...der sich, kurz gesagt, nach Körperlosigkeit sehnt, um ganz und gar Geist und Seele zu werden [94]. Um als junger Mann beim Arbeiten im Hietzinger Gartenhaus nicht durch den Wechsel der Tageszeiten gestört zu werden, hatte er, so berichtet Willi Reich [95], die Fensterläden ständig geschlossen und hielt sich durch Tee und Zigaretten wach. Später achtete er vernünftigerweise mehr auf seine Gesundheit, mied zu große Anstrengungen und sah es ein, wenn *die Ärzte ihm streng verboten haben ... eine Arbeit zu leisten, die viel Zeit, Regelmäßigkeit, Pünktlichkeit, Verantwortlichkeit verlangt und immerhin auch Aufregung verursacht* [96].

In seiner eigenen Familie fand er weder für seine Krankheit noch überhaupt für seine sensible Gemütsverfassung echtes Verständnis. Ihn erregten *die Dummheit und egoistische Verbohrtheit dieser Leute* [97], so wie ihn *das potenzierte Familienleben ... ganz nervös* machte: *Auf Berghof spielen wir jetzt «Familienglück». Mama hat ihre vier prächtigen Kinder, Schwiegertochter und Enkel um sich, und der Anblick dieser Fruchtbarkeit erregt mir manchmal ausgesprochen Brechgefühl! Stell Dir nur einmal vor: auf der einen Seite Mama 85 kg, Hermann 102 kg und der Trumm-Eric, auf der anderen Seite wir drei, Charly, Smaragda und ich, käsbleich, abgezehrt, ein Bild der Hungersnot in Java!* [98]

Leiden an den verständnislosen Mitmenschen, der Wunsch, sich zurückzuziehen, und zugleich der Schmerz der Einsamkeit kennzeichnen Bergs Seelenlage in diesen frühen Jahren. *Ich wünsche mir, blind zu sein oder mit geschlossenen Augen durch die Welt zu gehen, damit ich sie nicht sähe, all diese Fratzen von Menschengesichtern, ich gehe aus meinem Zimmer überhaupt nimmer heraus, und wenn ich mich von mir trennen könnte, um noch einsamer zu sein – weiß Gott, ich tät's!* [99] Er sieht sich *menschenscheuer denn je* [100] werden, *wie ich schon seit Jahren nicht mehr laut lache, höre ich überhaupt schon fast ganz auf* [101], und er fragt sich: *Ist es denn denkbar, daß man mit 24 Jahren schon alles, alles verloren hat, daß nicht eine Seele mitschwingt, wenn die meine zu tönen beginnt? Nur weil man anders denkt und fühlt als die anderen!??* [102] Es ist wohl nicht nur jugendlicher Weltschmerz, der hier klagt, sondern auch jener Hang zur Einsamkeit und Melancholie, wie ihn Nietzsche den «eigentlichen Musikseelen» nachsagt. Berg widmet sich ganz seinem Studium, ja er *vertieft* sich derart *in das innere Leben ... daß ich fast ganz vergesse, daß ich doch in einer sichtbaren Welt lebe, einer Welt geräuschvoll wie jede andere, aber auch uninteressant wie jede andere – – –* [103]. Die Erfahrung des Absurden formuliert sich im ironischen Monolog *Warten? Auf was warten? Auf den Tod? Auf die Vergeltung? Auf die Jause? Auf den Stuhlgang? Auf einen Brief? Auf die Gerechtigkeit?* [104] Wie anders sollte seine Sprache bald klingen!

Mehrfach schon war die Rede von Helene Berg, geb. Nahowski. «Was diese Frau ihm geworden ist, was sie für den Künstler nicht weniger

Helene Berg, geb. Nahowski

Villa Nahowski, Trahütten (Steiermark)

als für den Menschen Alban Berg bedeutete, das vermag selbst der, dem das Glück näherer persönlicher Bekanntschaft mit dem Paar zuteil wurde, nur zu ahnen», betont Willi Reich.[105] Ihre erste Begegnung, Winter 1906/07 in der Operngalerie, das zaghafte und erst durch Vermittlung von Helenes Bruder Ostern 1907 zustande gekommene Kennenlernen, die beginnende und *in unwandelbarer Heftigkeit, was sage ich, in stetig zunehmender Heftigkeit* [106] wachsende Liebe findet ihren Nachklang in Bergs 569 veröffentlichten Briefen, einem äußerst persönlichen, für unsere Kenntnis vom Menschen wie vom Künstler gleichermaßen wichtigen Dokument.

In Helene fand Berg nicht nur die Frau – *indem ich Dich liebe, liebe ich alle Frauenschönheit der Welt in Dir – – – und bin so der Vielseitigste, der Universal-Don Juan – – – –!* [107] –, sondern auch einen Menschen mit absolutem künstlerischem Verständnis. Beide trieb es *nach dem Höchsten, Erhabensten, Letzten* [108] sie hatten dieselben Vorlieben, musizierten gemeinsam vierhändig, oder Alban begleitete sie beim Gesang. *Nicht wahr, Helene: wer so singt wie Du und so hört wie ich, der wird stolz und freudig bekennen: Ich will Künstler sein!* [109]

Aber gegen *die Möglichkeit, uns zu heiraten* [110] stand zunächst der Widerstand von Vater Nahowski, der angesichts der beruflichen Unsicherheit und der labilen Gesundheit Bergs Helene daran hindern wollte, *mit einer so fragwürdigen Existenz wie der meinen (!! nicht einmal ei-*

40

Alban und Helene Berg

ne *fixe Anstellung!!) zu verkehren*[111]. Die Briefe dieser Zeit sind angefüllt mit Klagen darüber, *welches Meer von Leiden diese letzte Woche
über mich ergossen hat*[112], *welches unerhörte, noch nie dagewesene
Leid mein Herz erfüllt, es bis zum Nimmeraushalten in Spannung und
Erregung hält*[113]. *Ich kann nichts tun als warten – – und warten und
das gequälte, verbitterte Gesicht Strindbergs verständnisinnigst ansehen. – – – – – –*[114] *Man ahnt nicht mehr, daß ich des Leids und der Freude
teilhaftig sein kann und daß ich eine Liebe in mir herumtrage, die grö-
ßer ist als alle Gefühle der Welt zusammen und ewiger als die Welt –*

41

und gewaltiger auf ein Ziel gerichtet, als es je die Liebe eines Menschen war, ist und sein wird in aller Ewigkeit!! [115] Und er fragt Helene bitter: *Oder bedeutet Dir das grantige Gesicht Deines Vaters mehr als der unermeßliche, nicht mehr ertragbare Schmerz Deines Geliebten?* [116]

Die Rührung übermannt mich – – – –
Ich kann nicht weiterschreiben – – – – – [117]

In expressivem, von Peter Altenbergs Dichtung beeinflußtem Interpunktionsstil spiegeln sich jähe Wechsel und heftige Ausbrüche seelischer Regungen, *wenn ich etwa im höchsten Schmerz zeilenlange Gedankenstriche hinsetze, unzähligen Peitschenhieben gleich* [118]. *Es ist oft besser, Striche zu machen – als die Gedanken und Schmerzensrufe niederzuschreiben, die sie bedeuten – – – – –* [119]

In einem beschwörenden Brief an Vater Nahowski nannte Berg in einzelnen Kapiteln alle Gründe, die nach bürgerlichen Vorstellungen gegen seine Heirat mit Helene sprächen, und widerlegte sie: *I. Meine geistige Minderwertigkeit, II. Meine pekuniäre Mittellosigkeit, III. Meine zerrüttete Gesundheit, IV. Verworfenheit meiner Familienangehörigen* (bezogen auf die *lesbische Veranlagung* seiner Schwester Smaragda). Er führt den Bräutigam von Helenes Schwester, einen Fabrikanten, an und hält dagegen: *ich habe meine mit den neuesten Errungenschaften und der größten Leistungsfähigkeit versehene Fabrik in meinem Kopf!* [120]. (Derselbe Künstlerstolz hatte einst Beethoven seinem dünkelhaften Bruder Nikolaus Johann, «Gutsbesitzer», mit «Ludwig van Beethoven, Hirnbesitzer» antworten lassen.)

Diesen Brief las Helenes Vater zwar nie, aber er mußte schließlich in den jahrelangen Wunsch zur Heirat einwilligen, was er allerdings nur unter der Bedingung tat, daß beide konvertierten und – um eine Scheidung offenzulassen – protestantisch getraut würden. Diese Hochzeit fand am 3. Mai 1911 statt und wurde, nachdem nun auch Nahowski den Schwiegersohn liebgewonnen hatte und an eine Trennung nie gedacht wurde, 1915 katholisch wiederholt: *Dann ging ich übertreten. Das ist kolossal einfach. Unseren protestantischen Trauschein hab' ich, dann gehen wir gelegentlich zu dem Pfarrer, der ein sehr lieber Kerl ist, und in 10 Minuten ist alles erledigt.* [121]

Als kleines Mädchen hatte Helene als Lieblingsfigur in ihrem Märchenbuch einen «Prinzen Alban», und etwas Märchenhaftes war zeitlebens im Verhältnis der beiden Eheleute. Sie liebten es, gegen die bösen Mächte Strindbergscher *Schwarzalben* . . . *das Licht unserer Liebe leuchten* zu *lassen* [122]. *Du, die Strahlende – Helene* . . . *ich, der Weiße – Alban.* [123] Waren sie getrennt, so empfand Berg auch in späteren Jahren schon *nach anderthalb Stunden* . . . *eine solche Leere, daß ich Dir schreiben muß* [124]. Unerschöpflich war dann sein Vorrat an Kosenamen für Helene wie an eigenen Phantasienamen, etwa *mein Balsaminchen. Das ist die englische Übersetzung von «Wunkowat».* [125]

Die finanzielle Lage der Familie Berg hatte sich 1906 durch eine Erbschaft derart verbessert, daß Alban seinen verhaßten Brotberuf als an-

Der «Berghof». Postkarte an Eduard Erdmann, 1920

gehender Verwaltungsbeamter – *ich habe für die Aussicht einer Besoldung und Pension in einem Büro mit jedem Gruß, mit jeder Antwort gelogen* [126] – aufgeben konnte. Aber er war nun beileibe nicht in der Lage, seinem *eigentlichen Beruf, meine Berufung als Musiker* zu leben, sondern mußte seiner Mutter *die große Arbeit der Administration von acht Häusern* [127] abnehmen. Dieses *große Opfer, das ich meiner Familie bringe* [128], nahm ihn jahrelang in Anspruch. Noch 1920 hatte er die Bewirtschaftung des Familiengutes Berghof am Ossiacher See, vor dessen endgültigem Verkauf, zu leiten. Aber *eine Kombination von Landwirtschaft und Musik vielleicht durch ein, zwei Jahre hindurch ist nicht denkbar, so wahnsinnig viel ist hier zu tun und zu denken* [129]. Und vor allem sah er dadurch *meine musikalische Karriere und damit die einzige wahrhaftige Sicherung für unsere Zukunft* [130] gefährdet.

STREICHQUARTETT op. 3

Das letzte Werk, das Berg noch während seiner Lehrzeit bei Schönberg, wenn auch ohne dessen direkten Einfluß, niederschrieb, ist das *Streichquartett op. 3*. Schönberg erinnerte sich später: Es «überraschte mich in ganz unglaublicher Weise durch die Fülle und Ungezwungenheit seiner musikalischen Sprache, die Kraft und Sicherheit seiner Darstellung, seine sorgfältige Ausarbeitung und seine bemerkenswerte Originalität» [131].

Es wurde *im Frühjahr 1910* beendet, zu jener Zeit, als Bergs seelische Situation aufs äußerste gespannt war. Wenn man je von autobiographischen Einflüssen auf ein Stück absoluter Musik sprechen kann, dann wohl hier. Berg selbst sagte einmal, das Quartett sei *im Trotz komponiert* [132], im Trotz gegen jene Mächte, die sich seiner Verbindung mit Helene Nahowski entgegenstellten. Alles Aufbegehren des Vierundzwanzigjährigen scheint aus dieser aggressiven, unversöhnlichen Musik zu sprechen, und wie ein Motto könnte sein Ausruf *O ZORN!!! Wann kommst Du einmal zur Ruhe in mir?* [133] über der Partitur stehen. Als nachträglichen Dank für die endlich gewonnene innere Ruhe hat er das Quartett dann bei Drucklegung 1920 *Meiner Frau* gewidmet.

Das *Quartett* steht heute im Schatten der *Lyrischen Suite*, die zu einem Standardwerk der Kammermusik geworden ist. Vergleicht man beide Werke beim Hören, dann fällt auf, ein wieviel rauherer *Ton* – um einen Lieblingsbegriff Bergs zu benutzen – im frühen Stück herrscht. Dagegen wirkt die musikalische Sprache der zwölftönig konzipierten *Lyrischen Suite* viel zarter, kultivierter. Der frühen freien Atonalität, verbunden mit seiner rhythmischen Wildheit, haftet tatsächlich, wie Adorno einmal sagte, ein Zug zum Chaotischen an. Ungeachtet dieses Höreindrucks aber vermittelt das *Quartett* dem analytischen Betrachter das genaue Gegenteil von Chaos: Thematisch-motivische Durchplanung, Auskonstruieren bis ins Letzte, was sich ja in der *Sonate* schon angebahnt hatte, nun aber in der Form des strengen vierstimmigen Satzes noch gesteigert wird – das ist das Auffallendste, wenn wir uns die Partitur vornehmen. Es ist durchaus auch vom graphischen Standpunkt reizvoll und aufschlußreich, dieses Werk zunächst nur in den Noten anzusehen. Wir bemerken dann, welche Strenge, welche geradezu phantastische Organisation hier herrscht. Dieser Begriff, «Organisation», weist auf Technik, auf Handwerk und Methode, und in der Tat zeigt sich in dieser Partitur die volle Reife und Brillanz des langjährigen Schönberg-Schülers. Aber der Begriff läßt auch die Einsicht anklingen, daß wir es hier mit etwas Organischem zu tun haben, mit etwas Gewachsenem.

Das *Quartett* hat zwei Sätze, innerhalb derer das Tempo vielfach wechselt und die durch motivische Beziehungen in einer engen Verknüpfung stehen. Man hat sich bemüht, bestimmte Formtypen herauszufinden, die Berg angewandt habe, und ist dabei zu verschiedenen Ergebnissen gekommen. Schon aus diesen widersprüchlichen Analyseversuchen geht hervor, daß Form hier eben nicht schematisch gedacht wurde, sondern daß sie sich als Mischung und Verschränkung divergierender Elemente, nämlich Sonate, Rondo, Fuge usw., darstellt.

Was wir schon in der *Sonate op. 1* feststellen konnten: die Betonung der motivischen Arbeit und die daraus resultierende Unmöglichkeit großflächigen Gestaltens, das wird hier noch weitergetrieben. Ebenso wird die Harmonik konsequent von ihren tonalen Funktionen befreit, ja in diesem Aspekt ist Berg niemals weitergegangen als hier. Eine genaue Analyse der frühen Bergschen Harmonik, innerhalb derer dieses Stück eine Schlüsselstellung einnehmen dürfte, steht noch aus. Sie ist höchst wünschenswert. Wir können hier nur auf die bisherige Literatur verweisen, die – besonders wenn man Adornos und Redlichs Analysen zusammennimmt – einen immerhin klaren Einblick in dieses weite Feld gewährt.

Aber wenigstens auf ein Detail wollen wir unsere Aufmerksamkeit lenken: Über die reichen agogischen Schwankungen, die wir bereits nannten, hinaus ist die Partitur eine der am stärksten bezeichneten aus jener Zeit. Darin ist sie Webern am ehesten vergleichbar. Die Vorschriften beziehen sich nicht nur auf das Übliche, Dynamik und Akzentsetzung, sondern auch auf Stricharten, Angabe einer bestimmten Saite, Ausdrucksvorschriften usw. Besonders fällt der häufige Gebrauch des Flageoletts sowie wechselnden Bogen- und Pizziccatospiels auf – von reizvoller Klangwirkung, wenn etwa Violoncello und Bratsche dieselbe melodische Wendung spielen, das eine *col legno* (mit dem Holz des Cellobogens) gestrichen, das andere *pizziccato* (gezupft) *mit Dämpfer*. (Solche Raffinessen kannte schon Schönbergs «Verklärte Nacht».) Von neuem, «unerhörtem» Reiz ist beispielsweise auch der fahle Klang, wenn am Schluß des ersten Satzes alle vier Instrumente einen dissonanten Akkord in hoher Lage *non vibrato* und in vierfachem Piano (*pppp*) spielen.

Partitur-Skizze zum Streichquartett op. 3

Die Konzentration spieltechnischer Varianten auf kleinstem Raum ist einer jener Aspekte, durch den dieses Quartett zukunftsweisend wurde. Ein weiterer liegt in den genannten Tempoänderungen und dem damit verbundenen häufigen Taktwechsel. Aus beidem spricht eine subtile Behandlung der rhythmischen und metrischen Verhältnisse. Darin sollte Berg noch – und gerade – bis in die jüngste Musik nachwirken. Er selbst hat zwar nie auf den Gebrauch von Taktstrichen, *die ich schon aus praktischen Gründen nicht opfern möchte (Zusammenspiel bei Kammermusik, oder gar dirigierte Werke!!)*, verzichtet, aber seine Absicht ging dahin, die Musik *völlig ... von aller regelmäßigen Rhythmik* zu befreien, sie *also arhythmisch* zu gestalten.[134] Diese Tendenz läßt sich schon in der *Sonate*, ja bereits im *1. Storm-Lied* ablesen, und sie wird in den späteren Werken immer stärker.

KLARINETTENSTÜCKE op. 5

Berg hat sich angesichts seiner *Vier Stücke für Klarinette und Klavier op. 5* zur Metrum-Frage noch eingehender geäußert: *Der Taktstrich ist für uns schon lange nicht da, um die Melodik bzw. Phrasierung in Fesseln zu legen. Schaun' Sie sich selbst meine alten Clarinettenstücke auf das hin an, oder Schönbergs spätere Werke: da könnte man ohne weiteres den Takt weglassen.* Der englische Komponist Cyril *Scott (und auch Strawinsky) half sich damit, daß er den Taktstrich der wechselnden Phrasierung anpaßte und so 7/4, 3/8, 2/4, 11/12 etc. schreibt. Schönberg schreibt in op. 17, 18, 20, 21, 22 ungeheure schier endlose Takte, innerhalb deren und über die hinaus die Rhythmen ganz frei und ohne Bindung an irgend eine Regelmäßigkeit schwingen. Tatsächlich hat er seine Musik schon vor vielen Jahren «Prosa» genannt. Ein Ausdruck, den übrigens (ganz unabhängig davon) selbst Reger von seiner Musik gebrauchte, nachdem er sie – endlich ohnehin – von der klassischen 2, 4 und 8-Taktigkeit befreit hat. Schließlich ist der Taktstrich ja keine Angelegenheit der Form bzw. Architektur mehr, sondern bei Musik mit mehr als einem Instrument ein unerläßliches Verständigungsmittel.*[135]

Betrachten wir die rhythmische Anlage der *Klarinettenstücke*, besonders des zweiten und dritten, so fällt diese Neuartigkeit ins Auge. Hier gibt es keine einprägsamen Zweier- und Dreiergruppen mehr, die sich über mehrere Takte mitzählen ließen; es geht auch nicht mehr um eingebaute Verzögerungen oder Beschleunigungen (auskomponierte Fermaten, Accellerandi usw.), also nicht um eine Verschleierung einer ursprünglich doch gleichmäßigen Bewegung, sondern um ein völlig neues musikalisches Zeitempfinden. Konnte man harmonisch in jener Zeit von der «Emanzipation der Dissonanz» sprechen, so erleben wir hier analog, wie sich Rhythmus und Metrum der traditionellen Bindungen entledigen.

Hierin wie auch in harmonischer und formaler Hinsicht ist Bergs Opus 5 einigen Werken Weberns – etwa den vier Stücken für Geige und Klavier op. 7 – und Schönbergs verpflichtet; das Vorbild der sechs kleinen Klavierstücke op. 19 von Schönberg läßt sich sogar als mehr oder weniger verbindlich nachweisen. Sie sind Bergs einziger Beitrag zu jenem «aphoristischen Stil», der 1910 bis 1915 für Schönberg und Webern so bezeichnend war und der für Webern ein äußeres Merkmal blieb. Hatte Schönberg anläßlich von dessen Bagatellen für Streichquartett gesagt, hier sei es gleichsam gelungen, «einen Roman durch eine einzige Geste, ein Glück durch ein einziges Aufatmen auszudrükken»[136], so gilt diese selbe Eliminierung alles Überflüssigen, diese absolute Konzentration der kompositorischen und expressiven Elemente auch für Bergs Stücke. Er selbst nannte sie *in der Form unscheinbar, als Bekenntnis aber nicht minder wichtig*[137].

Für eine nähere Beschäftigung kann hier auf Adornos ausgezeichnete Analyse in Willi Reichs erstem Buch verwiesen werden. Nur soviel sei daraus referiert: Die Stücke sind «strikt ‹atonal›; die sonst bei Berg immer wieder einbezogenen tonalen Komplexe fehlen ganz; einmal mahnt ein versprengter Sextakkord, ein übermäßiger Dreiklang oder eine Ganztonskala ans Gewesene, nichts sonst»[138]. Formal gibt es miniaturhafte Erinnerungen ans Sonatenschema, allerdings ist das Vorbild der Schönbergschen Klavierstücke auch architektonisch gravierender, etwa in der Gruppierung um ein Klangzentrum (2. Stück).

Die Stücke waren im Frühjahr 1913 beendet, wurden aber erst 1919 uraufgeführt und dann, zusammen mit dem *Quartett*, im Herbst 1920 veröffentlicht, *auf eigene Kosten! Ein paar antike Wohnungsgegenstände haben dazu herhalten müssen.*[139]

Mittlerweile kamen auch einige positive Beurteilungen über Bergs Kunst. Zu den ersten äußeren Anerkennungen gehörte die begeisterte Zustimmung durch Eduard Erdmann (1896–1958), der sich als Pianist nachhaltig für die *Sonate op. 1* einsetzte. Ohne Berg bis dahin persönlich zu kennen, widmete Erdmann ihm seine «Erste Symphonie», die auf dem Weimarer Tonkünstlerfest 1920 uraufgeführt wurde. Berg antwortete darauf unter anderem: *Ihre Widmung hat mich aufs Äußerste überrascht und mich wirklich innigst gefreut ... Neben der rein persönlichen Freude bereitet mir diese Widmung auch eine gewisse künstlerische Genugtuung. Ich entnehme nämlich daraus, daß in Deutschland ebenso wie im Ausland (Frankreich: Ravel, Italien: Casella etc.) Interesse für meine Musik zu bestehen scheint, eine Tatsache, die ich von den Österreichern nicht behaupten kann. Außer in dem von Schönberg geleiteten «Verein für musikalische Privataufführungen moderner Musik» gibt es in Wien keine Stätte, an der auch nur eines meiner Werke aufgeführt worden wäre; auch die Sonate nicht.*[140] Dasselbe Desinteresse seiner engeren Landsleute hatte Berg zeitlebens zu beklagen.

Brief an Eduard Erdmann, 1920

Noch kurz vor seinem Tod schreibt er dem Grazer Opernchef Karl Rankl nach dessen *Wozzeck-Bruchstücke*-Aufführung: *Ich freue mich natürlich sehr über die Tatsache der Bruchstücke in Graz und des vollen Gelingens; war es doch der allererste Vorstoß meiner Musik in die österreichische Provinz.*[141]

Die Aufführung des *Quartetts* 1923 auf dem Salzburger Fest für Neue Musik durch das Havemann-Quartett (das darauf mit Bergs Opus auf Tournee ging) war nicht nur für Berg selbst *künstlerisch der schönste Abend meines Lebens*[142], sondern sie brachte auch endlich einmal meist *günstige Kritiken*.[143] Erinnert man sich an die notorischen Verrisse aus dem ersten Jahrzehnt, an jene Stimmen, die sich meist zwischen mitleidigem Lächeln und eingestandenem Unverständnis äußerten, dann

kann man eine Kritik wie die von Rudolf Kastner (Berlin 1924) erst würdigen, in der es unter anderem heißt: «Das Havemann-Quartett... [spielte] Alban Bergs in jedem Takte so charakterhaftes, wohl von Schönberg, dem Meister glücklich beeinflußtes, doch nichts weniger als abhängiges Quartett. Klangphantastische, stolz-schöne Musik von eigenster Form, je öfter man sie hört, desto liebenswerter. Die, welche es sich erlauben, diese in höchstem (geistig-seelischen) Sinn aristokratische Kunst zu bespötteln, können sie freilich weder ‹erfühlen, noch erjagen›.»

Unverständnis des Publikums und polemische Presse blieben aber während Bergs ganzem Leben der Normalfall. Die chronischen Skandale bei Aufführungen neuer Musik und die künstlerischen wie organisatorischen Schwierigkeiten moderner Konzerte hatten Schönberg 1918 zu *einer herrlichen Idee* veranlaßt: *In der nächsten Saison wieder einen Verein zu gründen, der es sich zur Aufgabe macht, Musikwerke aus der Zeit «Mahler bis jetzt» seinen Mitgliedern allwöchentlich vorzuführen, eventuell auch öfter als einmal dasselbe Werk, wenn es schwer ist.* [144] Striktes Verbot jeglicher Werbung wie jeder öffentlichen Besprechung der Konzerte sollten ebenso wie der Ausschluß aller Beifalls-, Mißfalls- und Dankesbezeigungen vom Konzertbetriebshaften weg und zur Konzentration auf die Musik selbst führen. Um einen gleichmäßigen Besuch zu garantieren, wurden nicht einmal die Programme unter den Mitgliedern bekanntgegeben. Als eine von Schönbergs vielen sozialen Bestrebungen verdient weiter die Tatsache Erwähnung, daß die Beitragshöhe sich nach der wirtschaftlichen Situation der einzelnen Mitglieder richtete.

Berg war an Organisation und künstlerischer Leitung maßgeblich beteiligt. Er hatte auch den Prospekt entworfen, in dem es unter anderem hieß: *Der im November 1918 gegründete Verein hat den Zweck, Arnold Schönberg die Möglichkeit zu geben, daß er seine Absicht: Künstlern und Kunstfreunden eine wirkliche und genaue Kenntnis moderner Musik zu verschaffen, persönlich durchführe. An dem Verhältnis des Publikums zur modernen Musik ist in hervorragendem Maße der Umstand mitbestimmend, daß es als Eindruck davon vor allem anderen den von Unklarheit empfangen muß. Unklar sind ihm Zweck, Richtung, Absicht, Ausdrucksgebiet und Ausdrucksweise, Wert, Wesen und Ziel der Werke, unklar ist meist die Wiedergabe, unklar insbesondere des Publikums Bewußtsein von seinen eigenen Bedürfnissen und Wünschen, und so werden also die Werke geschätzt, geachtet, gepriesen und bejubelt oder mißachtet, getadelt und abgelehnt – bloß wegen einer einzigen Wirkung, die von allem gleichmäßig ausgeht: wegen der Unklarheit.*[145] Über die strengen Praktiken bei der Auswahl von Werken und Interpreten meldete Berg dem Dresdner Pianisten Erwin Schulhoff: *Über die aufzuführenden Werke entscheidet Schönberg. Wenn Sie also bei uns im Verein aufgeführt haben wollen, ist der Weg dazu die Einreichung... II. Wenn jemand bei uns spielen will, muß er sich einem Probespiel un-*

terziehen und sich – so hart es ist – gefallen lassen, daß von unseren Vortragsmeistern (dazu gehörten außer Berg selbst unter anderen Webern und Erwin Stein) mit ihm geprobt wird. Die so fertiggestellte Aufführung wird nun Schönberg vorgeführt der zu entscheiden hat, ob das Werk so aufgeführt werden kann. Oder verschoben – oder – was auch schon vorgekommen ist – ganz abgesetzt wird und einem anderen Virtuosen bzw. Ensemble zugeteilt wird. Nur so kann das im Verein übliche Niveau beibehalten werden. [146]

Aber nicht etwa nur Werke der eigenen Stilrichtung wurden hier aufgeführt (Schönberg selbst ließ gar im ersten Jahr keines seiner eigenen Werke zu!), sondern die verschiedensten (in 117 Konzerten, meist zur Verdeutlichung wiederholt), darunter am häufigsten Reger, Debussy, Bartók, aber auch Busoni, Mahler, Pfitzner, Skrjabin, Strawinsky, Suk, Zemlinskys, Mussorgskij, Dukas und andere. Zum festen Mitgliederstamm und den Hauptspielern gehörten Rudolf Kolisch mit seinem Quartett, die Sängerin Maria Gutheil-Schoder und die Pianisten Eduard Steuermann und Rudolf Serkin. Um die schlechte Finanzlage des Vereins zu bessern – besonders das Engagement von Kammermusikensembles war in der Nachkriegs- und Vorinflationszeit natürlich problematisch –, gab es auch einen «Außerordentlichen Abend» mit vier Walzern von Johann Strauß in Bearbeitungen Schönbergs, Weberns und Bergs. Er hatte «Wein, Weib und Gesang» für Klavier, Harmonium und Streichquartett gesetzt.

Die wirtschaftlichen Schwierigkeiten aber wurden bald so groß, daß der Verein 1921 aufgelöst werden mußte. Er war – in einer Zeit, als man weder durch Rundfunk, Schallplatte oder Tonband die Möglichkeit hatte, mit neuer Musik klanglich vertraut zu werden – das ideale Forum gewesen. Seine programmatischen Ideen, strengen Kriterien und sein daraus resultierendes Niveau sind unerreicht geblieben und möchten als Vorbild auch heute noch manchen Unternehmungen in Sachen moderner Kunst gut anstehen.

ALTENBERG-LIEDER op. 4

Lange hatte Berg die Komposition eines Orchesterwerkes vorgehabt, ja, er erwog eine große Symphonie, die nach Mahlerschem Vorbild auch Gesangsstimmen einbeziehen sollte. Was er nun zunächst schuf, war zwar kein symphonisches, kein zeitlich umfangreiches Werk, sondern es waren Lieder, die musikalisch beim letzten *Mombert-Lied* anknüpfen, jedoch instrumentiert für einen riesigen Klangkörper: *Fünf Orchesterlieder nach Ansichtskarten-Texten von Peter Altenberg op. 4.*

Sie entstanden im Sommer 1912 auf fünf Texte, mit denen Altenberg seine Postkarten zu kommentieren pflegte und von denen einige in seinem Band «Altes Neues» 1911 erschienen waren. Halb tiefsinnige psy-

Peter
Altenberg,
1914

chologische Aussage, halb «lyrisches Aperçu» [147], handelt es sich dabei um eine Art Aphoristik in teils hingeworfenen, teils streng metri-
sierten Versen. Wir wissen ja, wie sehr Berg und seine Frau dem Dichter nahestanden. Die Texte in ihrer mehrbödigen Aussage und ihrem
ungewohnten Ton mußten Berg besonders anziehen.

Den *Altenberg-Liedern* kommt in der ehrwürdigen Tradition musikalischer Skandale die besondere Bedeutung zu, daß sie – und nicht etwa
ein Schönbergsches Werk – den überhaupt größten Konzerttumult in
Wien herbeiführten. Am 31. März 1913 veranstaltete der «Akademi-
sche Verband für Literatur und Musik in Wien» im Großen Musikvereinssaal ein Orchesterkonzert unter Leitung Arnold Schönbergs. Auf
dem Programm standen Weberns «Sechs Stücke für Orchester» op. 4,
Zemlinskys Maeterlinck-Lieder, Schönbergs «Kammersymphonie», zwei
der *Altenberg-Lieder* und zum Schluß Mahlers «Kindertotenlieder». Der
Saal war bis auf den letzten Platz mit Interessierten, Anhängern und
Gegnern der Schönberg-Schule gefüllt. Im Bericht einer Wiener Zeitung

53

heißt es: «Nach dem Opus 9 von Schönberg mischten sich leider in das wütende Zischen und Klatschen auch die schrillen Töne von Hausschlüsseln und Pfeifchen, und auf der Zweiten Galerie kam es zur ersten Prügelei des Abends. Von allen Seiten wurde nun in wüsten Schreiereien Stellung genommen, und schon in dieser unnatürlich langen Zwischenpause gerieten die Gegner hart aneinander. – Zwei Orchesterlieder nach Ansichtskartentexten von Peter Altenberg von Alban Berg raubten aber auch den bisher Besonnenen die Fassung. Das erste Gedicht lautet: ‹Sahst du nach dem Gewitterregen den Wald?!? Alles rastet, blinkt und ist schöner als zuvor. – Siehe Fraue, auch du brauchst Gewitterregen!› Die Musik zu diesem lustig-sinnlosen Ansichtskartentexte überbietet alles bisher Gehörte, und es ist nur der Gutmütigkeit der Wiener zuzuschreiben, daß sie sich bei ihrem Anhören mit herzlichem Lachen begnügen wollten. Dadurch aber, daß Schönberg inmitten des Liedes abklopfte und in das Publikum die Worte schrie, daß er jeden Ruhestörer mit Anwendung der öffentlichen Gewalt abführen lassen werde, kam es neuerlich zu aufregenden und wüsten Schimpfereien, Abohrfeigungen und Forderungen. Herr von Webern schrie auch von seiner Loge aus, daß man die ganze Bagage herausschmeißen sollte, und aus dem Publikum kam die Antwort, daß man die Anhänger der mißliebigen Richtung der Musik nach der Irrenanstalt Steinhof abschaffen müßte. Das Toben und Johlen im Saale hörte nun nicht mehr auf. Es war gar kein seltener Anblick, daß irgend ein Herr aus dem Publikum in atemloser Hast und mit affenartiger Behendigkeit über etliche Parkettreihen kletterte, um das Objekt seines Zornes zu ohrfeigen. – Der einschreitende Polizeikommissär konnte in diesem Chaos wild aufgepeitschter Leidenschaften nichts ausrichten ... Alle möglichen Leute stürmten nun auf die vor Aufregung schreckensbleichen und zitternden Musiker ein und beschworen sie, das Podium zu räumen. Trotzdem dauerte es noch vielleicht eine halbe Stunde, bis die letzten Krakeeler den Saal verließen.» [148]

Berg selbst war nach diesem äußeren Mißerfolg so deprimiert, daß er große *Zweifel an mir selbst* [149] bekam. Er suchte die Schuld vor allem bei sich und trug sich eine Zeitlang – nachdem Egon Wellesz als Hauptgrund für den Skandal das ungewöhnliche Verhältnis von aphoristischem Text zum Riesenorchester vermutet hatte – mit der Absicht, die Lieder für Kammerorchester umzuinstrumentieren. Dieser Plan wurde aber nicht ausgeführt. Bergs Verhältnis zu den Liedern blieb ambivalent. Zwar schrieb er an seine Frau: Wenn sie *einmal schön gesungen und im Zusammenhang aufgeführt, ohne störende Begleiterscheinungen, Dir ... ertönten, ich glaub' Du hättest auch Deine Freud daran* [150]. Andererseits aber kümmerte er sich nicht mehr um Aufführungsmöglichkeiten. Er mochte, abergläubisch, wie er war, so etwas wie einen Fluch auf dieser Partitur empfunden haben. Die Lieder fielen in einen Dornröschenschlaf, aus dem sie erst 1953 erweckt wurden: damals führte Jascha Horenstein sie zum erstenmal in Rom und Paris als ganzes Opus auf.

Ehepaar Berg

Werfen wir nun einen Blick auf dieses Werk, das 1913 die Meinungen so erregt hatte, dann können wir in gewissem Sinne die damalige Reaktion verstehen. Provozierend hatte sicher zum Großteil der Text gewirkt. Aber auch heute noch besticht diese Musik durch ihre Frische und den konzentrierten Einsatz subtiler Mittel. Es wäre ein Wunder gewesen, wenn das breite Publikum sie widerspruchslos hingenommen hätte!

Augenfälligstes Merkmal bei Betrachtung der Partitur ist das große, an Mahler oder Strauss erinnernde Orchester. Es setzt sich zusammen aus dreifachen Holzbläsern zuzüglich Baßklarinetten, drei Trompeten, je vier Hörnern und Posaunen, Kontrabaßtuba, Schlagwerk (Pauken, Trommeln, Triangel, Tamtam), Glockenspiel, Xylophon, Harfe, Celesta, Klavier, Harmonium und Streichern. Dieser spätromantisch symphonische Klangapparat steht aber im Dienste miniaturistischer Formgebilde und wird auch an den meisten Stellen nur sparsam, geradezu kammermusikalisch eingesetzt. Dabei erscheinen einzelne Instrumente durch ungewöhnliche Spieltechniken in einem neuen Licht. Erinnert sei hier nur an Paukenglissando (durch Herabstimmen während eines Paukenwirbels), das *Streichen auf den Löchern des Saitenhalters* der Streichinstrumente, das *Streichen der zwischen Daumen und Zeigefinger festgehaltenen G-Saite* des Kontrabasses, was erstmals Richard Strauss zu Jochanaans Enthauptung in der «Salome» angewandt hatte. Dazu raffinierter Gebrauch von Streicherglissandi, Flageoletts, Bläsertremolos und -«flatterzunge» usw. Dementsprechend ordnet Berg auch der Singstimme einzelne besondere Klänge zu, zum Beispiel die Anfangstöne des ersten Liedes, wo ohne Text ein *gesungener Stimmton mit leicht geschlossenen Lippen (ppp!) wie ein Hauch an- und abzusetzen* ist. Zartheit und Subtilität – mit diesen Begriffen ließe sich das Werk am ehesten charakterisieren. Bergs hier gezeigte intime Vertrautheit mit den Möglichkeiten der einzelnen Instrumente verblüfft in einem Erstlingswerk. Sie bleibt auch später kennzeichnend für seine Orchesterbehandlung.

Alle genannten Mittel, die auf nuancierten Farb- und Artikulationsreichtum zielen, stehen in engstem Zusammenhang mit dem Text. Ja – Ernst Křenek hat sicher recht, wenn er diese Lieder als «Prolegomenon zum Wozzeck» betrachtet.[151] Sie sind es in der Erprobung des großen Orchesters ebenso wie im Versuch, den denkbar engsten Konnex von Wort und Musik zu erreichen. Lautmalerische Wirkungen wie am Schluß des letzten Liedes bei *Hier tropft Schnee leise in Wasserlachen . . .* nehmen etwa die *Wozzeck*-Stelle *Der Nachttau fällt* (III/2) in gewissem Sinne vorweg. Ähnliche Beispiele ließen sich in Fülle nachweisen.

Satztechnisch herrscht das Prinzip der «entwickelnden Variation», wie es die Wiener Schule aus Brahms und Wagner gleichermaßen abgeleitet und weitergeführt hatte. Dieser Begriff deutet an, daß nur wenige musikalische Elemente zugrunde gelegt sind und diese wenigen in ständiger Veränderung wiederkehren, sei es innerhalb der motivischen Arbeit – also bezogen auf die Wiederkehr «physiognomischer»

Gestalten –, sei es als Bausteine im strukturellen Zusammenhang. Was diese zweite Anwendung betrifft, konnte Rudolf Stephan nachweisen, daß die ganze Komposition, neben einigen konventionellen Mitteln, aus drei harmonischen Grundmotiven abzuleiten ist.[152]

In einigen Abschnitten weist Bergs Handhabung bereits auf spätere Praktiken. So bietet der erste Teil des ersten Liedes «mit seinen etagenweise übereinandergeschichteten, in sich fast stereotyp wiederholten Komplexen einen Anblick, wie ihn erst zehn Jahre später die polytonalen Praktiken Milhaudscher Prägung reproduzieren» (Křenek [153]). Das dritte Lied beginnt mit einem zwölftönigen Bläserakkord im Pianissimo und endet mit einem schrittweise ebenfalls bis zur Zwölftönigkeit gesteigerten Streicherklang, beide Male zu den Worten *Über die Grenzen des All blicktest du sinnend hinaus*; in diesen Klangfeldern wird bereits eine charakteristische Wirkung realisiert, wie sie dann in der Musik der fünfziger Jahre zum wichtigen Element wurde. Die Passacaglia des fünften Liedes schließlich nimmt im sowohl sukzessiven als auch gleichzeitigen Auftreten des Themas jene Technik vorweg, die sich später in der *Wozzeck*-Passacaglia wiederfindet und die als Vorform serieller Methoden angesehen werden kann.

ORCHESTERSTÜCKE op. 6

Seit der Beendigung seines Studiums plante Berg ein großes Werk für Orchester; wir nannten bereits den Symphonieplan, von dem noch ein größerer Entwurf im *Wozzeck* aufgegangen ist. Daneben hatte er vor, eine *Suite* zu beginnen. *Vielleicht gelingt mir doch einmal etwas Heiteres.*[154] Beide Projekte wurden zwar nicht in der vorgenommenen Art realisiert, aber sie führten zu einer neuen Konzeption und mündeten schließlich in die *Drei Orchesterstücke op. 6*, Bergs einziges Werk für großes Orchester, das im September 1914 beendet wurde. Es besteht aus *Präludium, Reigen* und *Marsch*. Im ersten Stück wurde *vieles von der in Trahütten voriges Jahr begonnenen Symphonie verwendet. Es hat eben doch keine solche werden sollen. Übers «Präludium» kam's nicht hinaus. So mag es, statt der Symphonie, die Orchesterstücke einleiten.*[155] Der *Reigen, ein sehr zartes, auch heiteres Stück von Tanzcharakter* [156] ist vom Suitenplan übriggeblieben. Beide Sätze können auch allein – nach dem Vorbild der romantischen «Introduktion und symphonischer Satz» – gespielt werden. So wurden sie in Berlin am 5. Juni 1923 unter Weberns Leitung aufgeführt, während das ganze Werk erstmals 1930, unter Johannes Schüler, in Oldenburg erklang. *Präludium* und *Reigen* sind zusammen kürzer als das dritte Stück. Dieses dagegen, *der Marsch ist verhältnismäßig lang geworden. Endlich wieder ein langer Satz, nach so viel kurzem! Er ist länger als die fünf Orchesterlieder zusammen* [157], stellte Berg nicht ohne stolze Freude fest.

Dieses Opus gehört zweifellos zu den schwierigsten Orchesterpartituren überhaupt; ja, Berg selbst hat sie nach Adornos Bericht *die komplizierteste aller je geschriebenen* genannt.[158] An anderer Stelle berichtet derselbe Autor, wie er als Schüler in das Werk eingewiesen wurde und nach erstem Betrachten feststellte, «das muß klingen, wie wenn man Schönbergs Orchesterstücke und Mahlers Neunte Symphonie zugleich spielt», und er fährt fort: «Nie werde ich das Bild der Freude vergessen, die das für jedes Kulturohr bedenkliche Kompliment auf seinem Gesicht entzündete.»[159] Über die *Mühe, meine Partitur kennenzulernen und zu studieren*[160], war sich Berg im klaren. *Eine große Erleichterung für das Studium sind aber jedenfalls die von Schönberg* (in den Orchesterstücken op. 16) *eingeführten Zeichen der H̶ Hauptstimme und N̶ Nebenstimme*[161], die seit jener Zeit allgemein in den Partituren der Wiener Schule angewandt wurden, um den Einblick in die satztechnische Struktur zu erleichtern.

Der Hinweis auf Mahler und Schönberg trifft den musikalischen Sachverhalt exakt. Berg selbst hat Schönbergs Anteil betont, indem er einerseits ihm die Stücke *in unermeßlicher Dankbarkeit und Liebe* widmete. Sie waren nicht mehr wie *Sonate, Lieder und Quartett* von ihm selbst *unmittelbar empfangen*[162], sondern zeigten eine eigene Leistung, bei der Berg nun *Mut* genug hatte und sich ihrer Zueignung an den Meister *nicht zu schämen brauchte*[163]. Andererseits bekannte er, daß die *Anregung zum op. 6 sowohl durch das Anhören* der Schönbergschen *Orchesterstücke (aber nicht – wohlgemerkt – nachempfunden denselben; sie werden sogar grundverschieden davon!) als durch den ermahnenden Rat: Charakterstücke zu schreiben, auch ihm zu verdanken ist.*[164] Der Terminus «Charakterstück» als eines einheitlich geprägten musikalischen Prinzips (im Gegensatz etwa zu den dualistischen, bzw. entwickelnden Formen wie Sonate, Rondo, Scherzo usw.) wird später – besonders im dritten Akt des *Wozzeck* – vollends bestimmend. Hier, in op. 6, finden sich neben spezifischer «Charakterisierung» durchaus auch formale Reminiszenzen an traditionelle symphonische Formen. So ist der *Reigen* ein modifiziertes Sonaten-Scherzo mit «a) Einleitung, b) Überleitung zum Hauptsatz, c) Walzer, Durchführungsteil, Reprise in umgekehrter Reihenfolge der Glieder, also c, b, a»[165], der *Marsch* dagegen bringt eine formale Auseinandersetzung mit der Sonatenform. Und damit sind wir beim anderen Vorbild: bei Mahler. Im *Marsch* gewinnen wir deutlichen Einblick in Bergs Beschäftigung mit dessen symphonischem Stil. Besonders augen- und ohrenfällig ist der Einfluß der «Sechsten Symphonie», die Berg – wie wir aus einem Brief an Webern wissen – besonders schätzte: ... *ich bräuch doch nicht sagen, von wem die ist, es gibt doch nur eine VIte, trotz der Pastorale.*[166]

Für die Betrachtung von Einzelheiten kann hier nur auf die zahlreichen Parallelen zwischen Mahler und Berg verwiesen werden, die Redlich (S. 87–101) aufführt – Parallelen nicht nur in bezug auf die großformale Anlage, sondern bis in motivische Bildungen, rhythmische

Details usw. hinein.

Eine ausführliche Analyse (und damit die dieser Partitur einzig angemessene) liegt leider noch nicht vor. Sie darf aber, nachdem mit Einzelstudien zu Schönbergs und Weberns gleichzeitigen Werken der methodische Grund zur Erforschung der freitonalen Musik gelegt ist, bald erhofft werden. Dabei erfordert solch ein Unternehmen freilich eine spezielle Abhandlung. Das op. 6, nicht nur als Bergs instrumentales Hauptwerk, sondern als ein Schlüsselwerk der Musik des expressionistischen Jahrzehnts, macht diese Arbeit unbedingt erforderlich.

Adornos Analyse kommt in einigen Passagen diesem analytischen Ideal nahe, etwa wenn er den Anfang des *Präludiums* beschreibt.[167] Im übrigen enthält seine Betrachtung der *Orchesterstücke* viele jener bekannten Philosophismen, die genug über den Autor sagen, weniger über das Werk. Doch bleibt – das soll betont sein – auch nach Abzug des Fragwürdigen diese eine der trefflichsten Analysen Adornos, mit ihrem subjektiv überzeugenden großen Wurf einer Endzeitvision – beeindruckende Gedanken über Musik, die dann erst in Thomas Manns Leverkühn-Gestalt ihre sprachliche Vollendung erfahren konnten.

Wir wollen hier aus dem komplizierten Gewebe der Bergschen Partitur wenigstens zwei Fäden herauslösen und kurz betrachten. Zunächst fallen einige rhythmische Prägungen auf, die teilweise als Strukturelemente innerhalb des Satzes nachweisbar, wenn auch nicht hörbar sind, dann aber plötzlich entfesselt mit elementarer Kraft erklingen. Als Beispiel sei hier nur der Rhythmus

erwähnt, der in Takt 9 des *Präludiums* von der Posaune exponiert wird, dann in Takt 14 im vollen Orchester *crescendo* hervortritt und zum Beispiel in Takt 43 im Holz wiederkehrt. Diese Technik, der Einsatz thematischer Rhythmen (in Beethovens «Fünfter» am prominentesten angewandt und bei Mahler ein durchweg wesentlicher Zug) wurde später für den Dramatiker Berg entscheidend; es liegt ein theatralisches Element, etwas Gestisches darin. Sowohl im *Wozzeck* als auch in der *Lulu* spielen Rhythmen als schicksalhafte Symbole eine Hauptrolle.

Im *Marsch* sind es dann vier verschiedene Rhythmusmodelle, Reminiszenzen an echte Militärmärsche, die – sowohl als Typen isoliert als auch in collageartiger Technik gegeneinandergesetzt – miteinander kombiniert werden und den ganzen Satz zu einer Art «Marsch an sich» stilisieren – gleichzeitig auch zu einer Karikatur von Marschmusik überhaupt.

Noch ein anderes soll erwähnt werden: die orchestralen Schichtungen. Sie sind ein Stilmerkmal des ganzen Berg. Besonders auffällige

Beispiele dafür lassen sich im *Reigen* finden. Wie bei den Mixtur-Registern einer Orgel sind einzelne Instrumentengruppen zusammengefaßt, etwa in Takt 106 Flöten, Klarinetten und Celesta, die gemeinsam Quintolenakkorde spielen, während die Hörner und Streicher mit jeweils anderen Motiven simultan erklingen. Drei orchestrale Schichten sind hier also gegeneinandergesetzt. Am deutlichsten läßt sich diese Technik am Schluß des *Reigen* beobachten, wo gleichzeitig mit der Orchesterfarbe auch die Harmonik wechselt: Ein zehnstimmiger Akkord erklingt in Holzbläsern, Posaune, Kontrabaßtuba, Harfe und Streichern, und zwar mit jenem oben vorgestellten Rhythmus, der das *Präludium* thematisch entscheidend geprägt hatte (hier also ein sinnfälliges Anzeichen für die formale Geschlossenheit dieser beiden Sätze, die Berg ja auch zu zweit als einheitliche Komposition konzipiert hat). In diesen Akkord hinein spielen die Hörner und Trompeten im Pianissimo *wie aus der Ferne* eine Fanfare, jedoch keine übliche mit Quartauftakt und Dreiklangsruf, wie wir sie noch aus Mahler gewohnt sind, sondern eine Quarten- und Tritonusfanfare. Sie beginnt mit der B-Dur-Terz und schließt nach einer an Strawinsky erinnernden polytonal verzerrten «Modulation» in strahlendem C-Dur. Während die Blechbläser dies spielen, setzt aber das übrige Orchester noch einmal zu seinem zehnstimmigen Schlußakkord an. Beide Klangebenen laufen einen Takt lang nebeneinander her. Danach setzt der Mischakkord ab, und nur die doppelte C-Dur-Terz klingt weiter, bis auch sie nach vierfachem Pianissimo (*pppp*) verstummt.

KRIEG

Die Partitur des op. 6, wenigstens die Reinschrift von *Präludium* und *Marsch* – der *Reigen* folgte später –, war Bergs Geschenk zu Schönbergs 40. Geburtstag am 13. September 1914. In der Zwischenzeit war sein *Wozzeck*-Plan so weit gereift, daß er mit der Arbeit beginnen wollte. Aber der Ausbruch des Ersten Weltkriegs machte alle momentanen Pläne zunichte, bzw. ließ sie für Jahre in den Hintergrund treten.

Wie die meisten Österreicher empfanden auch Berg und seine Freunde zunächst eine *ungeheure Ungeduld und Unruhe wegen des Krieges* und den *Drang «mit dabei zu sein»*, das *Gefühl der Ohnmacht, dem Vaterland nicht dienen zu können* [168]. Auch Schönberg war anfangs sehr kriegsbegeistert, ebenso Webern, der am 4. September an Berg schrieb: «Ich will und muß in den Krieg. Es ist nicht auszuhalten. Diese Riesenschlacht. Herrgott, daß wir nur siegen.» [169] Diese Begeisterung hatte vielerlei Gründe. Entscheidend war wohl für Berg weniger sein Patriotismus als die Gewißheit, daß der Krieg die historische *Aufgabe* hatte, *rein zu machen* [170]. Er hatte die Hoffnung auf eine kathartische Wirkung des Krieges: *Vielleicht dämmert dann in diesen Abgründen die Erkenntnis, daß es andere Werte gibt als die, die man bis jetzt für die alleinseligmachenden hielt. Aber heute ist noch keine Spur davon.* Denn – so fügt er in einer an Karl Kraus erinnernden Wendung hinzu – *neben dem scheußlichsten Elend vegetiert noch die elendste Scheußlichkeit weiter.*[171] Persönliche Erfahrungen bestärkten ihn in seiner bald folgenden gefühlsmäßigen Ablehnung des Krieges: *Man liest «Tsingtau gefallen» – – und geht nach fünf Minuten zur Tagesordnung über – – statt hinauf in die Berge zu laufen oder weit hinaus ins Meer zu schwimmen, um sich auszuheulen ... Man ist schließlich nicht viel mehr dabei als bei irgendeinem Krieg, den man in der Schule lernt. O, Ohnmacht des menschlichen Geistes! ... Heut sah ich einen großen Zug Verwundeter. Ich sag' Dir, schrecklich!! Und kurz darauf einen Zug johlender, frisch ins Feld ziehender Soldaten. Das sind auch so unauslöschliche Erinnerungen.*[172]

Es waren nicht in erster Linie politische Prinzipien, die Berg den Krieg abscheulich machten, sondern es waren das Gefühl der *nutzlosen, erbitterten Kämpfe*[173] und seine eigenen Erlebnisse. Im August 1915 mußte er selbst einrücken, und nachdem er noch zu Kriegsanfang mit bitterem Humor gemeint hatte: *Ich werde mich als Freiwilliger melden unter der Bedingung, daß nur nachmittags gekämpft wird, vormittags sitzende Beschäftigung*[174], fühlte er sich bald *entwurzelt*[175]. Er kam nach Kiralyhida, ein Lager eben über der ungarischen Grenze. Die Situation schildert er seiner Frau: *Wir liegen nebeneinander in einer Riesenbaracke, wo 80 Leute gemeinsam schlafen. Das Bett ist Stein. Die Reinigungsgelegenheiten direkt naiv! ... Die Aborte brechenerregend.*[176] Berg wurde aufs neue ein Opfer seiner *schwachen Konstitution (ich bin Asthmatiker)*[177] und berichtet von einer *Erkrankung, die sicher keine so nachhaltige geworden wäre, hätte mich das Leben in dieser Hölle nicht auch seelisch so heruntergebracht*[178]. Er wurde darauf nach Wien ins Kriegsministerium versetzt, erlitt aber auch hier heftige Rückfälle. *Was sagst Du zu diesen ewigen Schikanen, denen mein armer Corpus ununterbrochen ausgesetzt ist?* fragt er seine Frau. *Ein' appetitlichen Mann hast Du und ein' strammen Soldat hat mei' Kaiser und ein' g'sunden Sohn hat die Mama!*[179]

Neben den von ihm verlangten *Wach- und Hilfsdiensten* hatte der Unteroffizier Berg die Verpflichtung zu *schwerster Konzeptsarbeit, unter einem fürchterlichen Vorgesetzten (ein idiotischer Trunkenbold!).* Diese Beschäftigung aber gab ihm innerhalb der *ganzen Leidensjahre*[180] wenigstens einen Trost: *Wenn von mir auch keine Noten erscheinen – – gestern ging endlich mein 30 Seiten langer Erlaß in Druck. Und das in ca. 20 000 Exemplaren. Das ist auch so ein «Ersatz» fürs Schaffen ... Aber übrigens: Auf den Erlaß hin können wohl Hunderttausende oder mehr 51er und 52er Jahrgänge nach Hause gehen ... Damit will ich mich vorderhand trösten!*[181]

Neben seinen eigenen Sorgen bemühte sich Berg gemeinsam mit einigen Freunden, Schönbergs Enthebung vom Militärdienst zu erwirken, und er schrieb dazu an Webern, *daß ich mich seit Kriegsbeginn direkt*

Soldat Alban Berg, 1915

verzehre bei dem Gedanken an seine Zukunft – ja daß mir meine ganze Militärangelegenheit Wurscht ist im Vergleich zu den Sorgen um seine Existenz [182]. Schönberg seinerseits (er wurde 1917 freigestellt) setzte sich auch mit Hilfe von Hermann Bahr und anderen für Bergs Freilassung ein, hatte damit aber keinen Erfolg. So blieb Berg bis zum Ende des *Saukrieges* [183] im Dienst und konnte danach sagen: *Ich glaube Sie werden nicht so bald einen so enragierten Antimilitaristen finden als mich!* [184] Immerhin hatte er während der letzten Kriegsmonate zuweilen Urlaub einreichen und an seiner Oper *Wozzeck* arbeiten können, in der sich viele der eigenen Soldatenerfahrungen wiederfinden lassen. [185]

WOZZECK

Der *Wozzeck* umgreift vom ersten Entschluß zu seiner Vertonung bis hin zur Uraufführung einen Zeitraum von elfeinhalb Jahren. Er nimmt damit – wiewohl unfreiwillig, durch Krieg und Nachkriegszeit, so lange verzögert – im Leben des Komponisten einen überaus langen Abschnitt ein, während dessen er sein Denken und Planen weitgehend bestimmt hat. Umgekehrt spiegelt die fertige Oper die stilistische Entwicklung jener ganzen Jahre wie kein anderes Werk wider: sie ist die Summe von Bergs eigenen künstlerischen Ideen vor der Zwölftonepoche und entfaltet seine Meisterschaft in ihrem vollen Reichtum; aber sie ist auch darüber hinaus ein Schlüsselwerk für die neue Musik allgemein.

Errungenschaften Debussyscher, Schrekerscher und Strauss'scher Orchesterbehandlung sind ebenso verarbeitet wie die Schönbergs, besonders aus «Erwartung» und «Pierrot lunaire». Die harmonische Sprache bedient sich aller erdenklichen Ausdrucksmittel von strenger, polyphon geführter Tonalität bis zu «impressionistischen» Geräuscheffekten. Das Hauptproblem, nämlich in einem abendfüllenden Werk ohne traditionelle Harmonik als Architekturmittel auskommen zu müssen, löste Berg durch die Verbindung Wagnerscher Leitmotivtechnik mit klassischen symphonischen Formen, das heißt er schuf abgeschlossene Sätze für die einzelnen Szenen, die aber miteinander verbunden sind.

Der *Wozzeck* ist, so paradox diese Formel klingen muß, eine reaktionäre und revolutionäre Oper zugleich (beide Begriffe, bitte, stilistisch verstanden): Reaktionär in seinem Verzicht auf Modernismen (wie sie in manchen damals «modernen», heute längst vergessenen Opern gang und gäbe waren), in seiner geradezu klassizistischen Formenstrenge, seiner ständigen Absicherung und Kontrolle des Neuen – nach einem hübschen Wort von Jean Cocteau: Berg wußte immer, bis wohin er zu weit gehen darf. Und revolutionär eben darin, wie weit er gegangen war: in seiner Durchdringung des Textes, seinen sowohl in der Behandlung des Orchesters und der Stimmen als auch im dramatischen Ausdruck unerhörten Mittel. Nicht zu Unrecht konnte Pierre Boulez

1967 in seinem berühmten Pamphlet gegen das zeitgenössische Opernwesen sagen, daß es nach *Wozzeck* (und *Lulu*) keine wirklich «neue» Oper gibt, die über Berg hinausginge.

Am 14. Mai 1914 sah Berg in den Wiener Kammerspielen Georg Büchners Dramenfragment «Woyzeck» mit Albert Steinrück in der Titelrolle, und er faßte *sofort (auch nach dem zweiten Anhören) den Entschluß ... ihn in Musik zu setzen*[186]. «Über die Kluft fast eines Jahrhunderts hinweg war er einem dramatischen Genie begegnet, in dessen fragmentarischem Trauerspiel die eruptive Glut des expressionistischen Dramas vorweggenommen ist.»[187] *Es ist nicht nur das Schicksal dieses von aller Welt ausgenützten und gequälten armen Menschen, was mir so nahe geht, sondern auch der unerhörte Stimmungsgehalt der einzelnen Scenen. Die Verbindung von immer 4 bis 5 Scenen zu einem Akt durch Orchester-Zwischenspiele verlockte mich natürlich auch noch. (Was ähnliches findest Du in Maeterlinck-Debussys Pelleas!) Entsprechend der Mannigfaltigkeit des Charakters dieser einzelnen Scenen habe ich mir auch eine große Abwechslung·in der musikalischen Form derselben ausgedacht. So z. Bsp. normale Opernscenen mit thematischer Durcharbeitung, dann solche ohne jede Thematik in der Art der «Erwartung» (versteh mich recht: keine Stilnachahmung, sondern nur formlich!) Liedformen, Variationen etz.*[188]

Über die Einrichtung des Textes, zu der Berg die Büchner-Ausgabe von Karl Emil Franzos (1879) zugrunde gelegt hatte, berichtet er später detailliert: *Abgesehen von kleineren Text-Strichen, -zusätzen und -umgruppierungen, reichlichen scenischen Bemerkungen und von Verlegung der Schauplätze und auftretenden Personen etc etc, habe ich von den 26 ganz losen Scenen ... 9 ganz gestrichen, 3 in eine zusammengezogen und die somit verbleibenden 15 Scenen auf 3 Akte verteilt.*[189]

Sprachliche Fassung und dramaturgischer Aufbau sind noch konziser als im Büchnerschen Drama ohnehin schon. Berg selbst bedauerte zum Beispiel, auf die einprägsame Szene im Kramladen, wo Woyzeck bei einem Juden das Mordmesser kauft, verzichten zu müssen, aber sie hätte den Gang der Handlung gehemmt. Dieser ist ganz nach dem klassischen (aristotelischen) Dreischritt Exposition – Peripetie – Katastrophe angelegt. Er enthält keine Wiederholungen, sondern wird fortlaufend gesteigert.

Der formbildende Einfluß des Librettos auf die musikalische Gestaltung der Oper ist deutlich: So wie der Text nicht eine fortlaufende Handlung abspielen, sondern gleichsam bildhaft wie eine Momentaufnahme den szenischen Augenblick aufblitzen läßt, so ist auch die Musik in einzelne geschlossene Stücke gegliedert, die durch Verwandlungsmusiken verbunden sind.

Betrachten wir zunächst den ersten Akt (Exposition) der Oper: Er enthält fünf Szenen mit je einem *musikalischen Charakterstück*. Die erste Szene, *Zimmer des Hauptmanns (Wozzeck rasiert den Hauptmann)*, ist als Suite gearbeitet mit den Einzelsätzen Präludium, Pavane,

Albert Steinrück als Woyzeck, 1913.
Zeichnung von Carl Graumann

Gigue, *Quasi Gavotte*, Air mit zwischengeschobenen Kadenzen. Die
Tänze werden aber nicht im Sinne einer neobarocken Stilkopie eingesetzt, sondern bilden als Formtypen und in ihren charakteristischen
rhythmischen Gestalten, darüber hinaus auch instrumentatorisch un-
terschieden, das formale Grundgerüst der durchkomponierten Musik.
Sie sind musikalische Entsprechungen jeweils abschnittweise vorherr-
schender Textmotive: Im Präludium geht es um die Aufforderung des
Hauptmanns *Langsam, Wozzeck, langsam,* sein Räsonieren über die
Zeit und die daraus folgende Mahnung *Teil' Er sich ein, Wozzeck!.* Pavane: Seine Angst, *wenn ich an die Ewigkeit denk'.* Gigue: Das Wetter.
Gavotte: Moral. Air: Wozzecks Antwort darauf: *Wir arme Leut! Sehn
Sie, Herr Hauptmann, Geld! Geld! Wer kein Geld hat! Da setz' einmal
einer Seinesgleichen auf die moralische Art in die Welt!* Die hier erst-
mals erscheinende Tonfolge bei *Wir arme Leut!* kehrt als eines der
Hauptleitmotive immer wieder. Die Szene endet mit der wiederholten

65

Marie (Sena Jurinac) und ihr Kind in der Oper «Wozzeck». Foto: Peyer

Aufforderung des Hauptmanns *Geh' Er langsam, hübsch langsam!*, die Berg – ein für die Oper neuartiger Kunstgriff – analog zum Text als krebsgängige Wiederholung des Präludiums komponiert hat. Damit hat er *die Abrundung und Geschlossenheit der Suite ... erreicht* [190].

Gegenüber dieser ausgesprochenen Formstrenge ist die zweite Szene *Freies Feld, die Stadt in der Ferne; Andres und Wozzeck schneiden Stöcke im Gebüsch* sehr viel freier (Rhapsodie). Aber die musikalischen Vorgänge sind hier ebensosehr eine Funktion des Bühnengeschehens: Nebeneinander stehen Andres' Unbekümmertheit und die gespenstischen Halluzinationen Wozzecks. Ihnen entsprechen zwei disparate musikalische Ebenen. Beide berühren sich nur in geringem Maße, wie die Figuren ihrerseits aneinander vorbeireden. Dies eine der auffallendsten Stellen, um zu zeigen, wie Berg musikalische Mittel zur psychologischen Erhellung der dramatischen Situation anwendet!

Die unbestimmten Ahnungen Wozzecks werden musikalisch konkretisiert, als in die Verwandlungsmusik hinein *hinter der Szene* der Marsch einer Militärkapelle beginnt. Dritte Szene: *Mariens Stube:* Marie sieht aus ihrem Fenster den Soldaten zu und beachtet besonders den Tam-

«Wozzeck» I,4 (Particell)

bourmajor. Dem *Marsch*, mit *Trio* und Wiederholungen, folgt *Maries Wiegenlied*, auch dies in strengem dreiteiligem Aufbau, während in dessen bewegterem Mittelteil der verstörte Wozzeck hereintritt.

Die vierte Szene zeigt uns Wozzeck mit seinem anderen Peiniger, dem Doktor. Auch sie ist wie die Hauptmann-Szene nach einem barokken Formschema, einer *Passacaglia* angelegt, wobei die verschiedenen Wahnmotive als *fixe Idee* = Passacaglia-Thema wiederkehren, verändert und gesteigert werden. Schließlich die fünfte Szene: Marie und der Tambourmajor auf der *Straße vor Mariens Tür*. Wohl nichts hätte man der penetrant auftrumpfenden Männlichkeit des Tambours als musikalisches Äquivalent sinnvoller zuordnen können als ein Rondo mit seinem ständig wiederkehrenden Refrain! Seine Erfüllung als eine Form absoluter Musik ist identisch mit der hier geforderten dramatischen Funktion, etwa wenn – während Marie und Tambourmajor miteinander ringen – das rhythmisch brutale Hauptmotiv dynamisch gesteigert und in Fugato und Engführung bis zum abrupten Abbruch geführt wird. Danach: Generalpause und Schlußsteigerung: Marie *stürzt in seine Arme und verschwindet mit ihm in der offenen Haustür.*

Damit ist die Exposition gegeben. Die eigentliche Handlung kann beginnen.

Ein wesentlicher Zug der *Wozzeck*-Anlage im großen ist die Tatsache, daß nach den vorstellenden Stationen der Exposition nun im zweiten Akt (Peripetie), wenn also die Handlung anhebt, auch andere musikalische Mittel eingesetzt werden: Nach den abgeschlossenen Formen nun auch musikalisch Handlung und Vorwärtsbewegung, nämlich Entwicklungsformen. Der ganze Akt ist als Symphonie in fünf Sätzen zu verstehen. Er schließt übrigens mit einer analogen Handlung wie der erste Akt: *Zusammenstoß zwischen dem eifersüchtigen Wozzeck und dem Tambourmajor, der mit der Niederlage Wozzecks endet. Nebenbei bemerkt: Der sich in dieser Szene abspielende Ringkampf zwischen beiden ist musikalisch nichts anderes als der in der vorigen Schlußszene stattgehabte zwischen Marie und dem Tambourmajor, der mit ihrer Vergewaltigung endet. Also wieder ein Mittel, musikalisch Zusammenhang herzustellen!* [191] Bergs Maßnahmen zur formalen Vereinheitlichung der Großformen sind außerdem auch in harmonischer Hinsicht bei allen Aktschlüssen zu spüren.

Doch zurück!

Die Anfangsszene des zweiten Aktes *bringt als erste musikalische Form einen Sonatensatz. Es ist vielleicht kein Zufall, daß den hier auftretenden drei Figuren: Marie, ihr Kind und Wozzeck, die drei Themengruppen einer musikalischen Exposition: Haupt-, Seiten- und Schlußsatz, zugrundegelegt sind, damit von vornherein die strenge Sonatenform ermöglichend. Ja, die ganze dramatische Entwicklung dieser Schmuck-Szene, die zweimalige Wiederkehr gewisser Situationen, dann das Aufeinanderprallen der Hauptgestalten, hat auch die weitere strenge musikalische Gliederung ermöglicht. Als da sind: nach der Exposition*

Igor Strawinsky

die erste Reprise, die Durchführung und schließlich die zweite Repri-se.[192]

Die zweite Szene dagegen zeigt drei Personen *in einem loseren Ver-hältnis zueinander* [193], nämlich Hauptmann, Doktor und Wozzeck. Dem entspricht musikalisch eine freie Fantasie über drei Themen – je-weils ein Leitmotiv der betreffenden Figur –, an die sich eine Tripel-fuge anschließt. Die folgende dritte Szene bildet die zeitliche und inhalt-liche Mitte der Oper. Der Gedanke an den Tod tritt zum erstenmal auf, und von jetzt ab läuft alles auf den Mord Wozzecks an Marie hinaus. Es ist dies innerhalb der zweiten Akt-Symphonie der langsame Satz *Largo*. Neben das große Orchester tritt *ein Kammerorchester in der Be-setzung von Arnold Schönbergs Kammersymphonie*, womit Berg auch *gerade an dieser zentralen Stelle, an dieser exponierten Stelle der Oper meinem Lehrer und Meister eine Huldigung darbringen* [194] wollte.

Das darauf folgende Symphonie-Scherzo erklingt zur (vierten) Sze-ne im *Wirtshausgarten*. Auf der Bühne spielt *eine Art Heurigenmusik* mit *Fiedel (eine hochgestimmte Geige), süße Hölzel (Klarinette), Zie-harmonika, Gitarre und Baßtuba (Bombardon)*. Berg hat sich übrigens eingehend mit den spieltechnischen Möglichkeiten dieser Instrumente beschäftigt; besonders reizte ihn, *zu wissen, wie weit in moderner Hinsicht ich mit der Zieharmonika gehen kann* [195], weshalb er mehrfach einen Wiener Instrumenten-Erbauer aufsuchte. Diese Szene empfand er selbst als die *schwerste von allen,* und sie blieb auch in den späteren Aufführungen sein größtes *Sorgenkind* [196]. Sie wird gebildet von einer bunten Fülle stilisierter Tanzmusiken, basierend auf Ländler und Walzer, aber immer gebrochen und verfremdet durch das Spiel der *betrunken drauflos musizierenden Wirtshauskapelle.* Die Klangwelt ist hier in einem Sinne *dissonant, wie etwa der Zusammenklang mehrerer in verschiedenen Tonarten spielenden Musikstücke, was Ihnen sicher von Jahrmärkten her bekannt sein wird.* Sie ist *aus primitiver «Polytonalität» erwachsen* [197].

Wir erinnern uns an das indirekt hier angesprochene Jahrmarktsballett «Petruschka» von Igor Strawinsky, ein Hauptbeispiel der Polyharmonik, wo unter anderem dieselbe Melodie gleichzeitig im Tritonusabstand (C-Dur und Fis-Dur zusammen) erklingt. Strawinsky hat damit rein klangliche, koloristische Absichten verfolgt. Dagegen läßt sich Bergs Polytonalität *eben nicht nur aus der literarischen Situation herleiten, sondern auch aus der musikalischen Logik. Ein Beispiel: Der Vordersatz eines in g-moll gehenden Ländlers kann – entsprechend den Regeln der Formenlehre – entweder zur Dominante (D-Dur) führen oder zur Tonika zurückleiten. Dadurch, daß beides geschieht (wer könnte es einer betrunkenen, drauflos musizierenden Wirtshauskapelle verübeln!), entsteht die musikalische Verwirrung. Diese Verwirrung nimmt ihren Fortgang, indem der eine Teil der Musikanten, der zur Dominante moduliert hatte, ordnungsgemäß zur Tonika (g-moll) zurückfindet, der andere aber – was ebenso gesetzmäßig ist – gleichzeitig zur parallelen Dur-Tonart (Es-Dur) moduliert. Ein Wunder, daß sie sich am Schluß des Ländlers wieder zusammenfinden!* [198] Der Einsatz der Dur-Moll-Harmonik in solchem Zusammenhang – dafür ließen sich unendlich viele weitere Beispiele bringen – erinnert an Thomas Manns Leverkühn, dem ebenso wie Berg die tonalen Klänge das Banale, die atonalen aber das Seriöse bedeuten.

Die fünfte Szene des zweiten Aktes spielt in der *Wachstube in der Kaserne (Nachts).* Sie ist, wie wir schon sahen, als Rondo angelegt und dabei viel strenger ausgeformt als jenes vom ersten Aktschluß. Besonders eindrucksvoll wirkt hier der einleitende Chor der schlafenden Soldaten, dessen akustische Eigenartigkeit auf Bergs eigene Militärerfahrung zurückgeht. Damals hieß es: *Haben Sie schon jemals viele Leute zugleich schnarchen gehört? Dieses vielstimmige Atmen, Röcheln und Stöhnen ist der eigenartigste Chor, den ich je gehört habe. Es ist wie eine Musik der Urlaute, die aus den Abgründen der Seelen aufsteigt.* [199] Ähnliche wortlos tönende Chorwirkungen kennen wir bereits aus der älteren Literatur, etwa im letzten Bild des «Rigoletto», auch Schönberg verwendet sie am Beginn seines «Moses und Aron» – aber die Intentionen Bergs deuten auch bereits auf Wirkungen neuester Musik, etwa

Vom Geld ist die Rede, von wem noch?

Sein Hang zur Melancholie . . .

. . . seine abnorme Empfindlichkeit und seine fast krankhafte Selbstkritik machten dem Mann alles noch schwerer: die künstlerischen Mißerfolge ebenso wie die persönlichen Rückschläge. Zum Beispiel in seiner Ehe: Er heiratete an einem 6. Juli, aber schon im Oktober trennte das Paar sich wieder, und an ihr hatte es nicht gelegen. Oder ein anderer Fall: Er war 36, als er durch seine Kunst die Aufmerksamkeit einer Landsmännin auf sich zog. Die Dame war Witwe eines reichen englischen Eisenbahn-Ingenieurs, besaß ein großes Vermögen und gedachte, den Künstler durch Aufträge zu unterstützen. Fast 15 Jahre lang gewährte die Dame diese Unterstützung, die schon bald eher einem Jahresgehalt glich, war sie doch nicht mehr an die Erfüllung von Aufträgen gebunden. Die Gönnerin stellte nur eine Bedingung: sie und ihr Künstler sollten einander nie begegnen. Dann aber war die Dame plötzlich der – irrigen – Meinung, sie sei ruiniert und stellte die Zahlungen ein. Der Künstler, der längst nicht mehr auf das Geld angewiesen war, war zutiefst beleidigt durch die Art, wie die Dame ihm das Ende ihrer finanziellen Gunst anzeigte. Zeitlebens erholte er sich nicht von dem Schock der Trennung dieser Beziehung.

Zu dieser Zeit war der Mann, der einst als Beamter im Justizministerium seine ersten oberflächlichen Kenntnisse in Musik gesammelt hatte, weit über die Grenzen seiner Heimat hinaus bekannt, man kann sagen: weltberühmt. Er unternahm Konzertreisen durch Deutschland, Frankreich, England und die USA. Um so überraschter war die Welt von der Nachricht seines plötzlichen Todes: Er hatte nichtabgekochtes Wasser getrunken, war an Cholera erkrankt und starb im Alter von 53 Jahren, am 6. November 1893, nur zehn Tage nach der – kühl aufgenommenen – Uraufführung seiner Sechsten Sinfonie. Und gerade dieses Werk wurde nur wenig später so weltweit populär wie wohl keine Sinfonie zuvor und danach. Von wem war die Rede?

(Alphabetische Lösung: 20–19–3–8–1–9–11–15–23–19–11–9)

bei György Ligeti, hin.

Es kommt zum Kampf Wozzecks mit dem Tambourmajor. Hatte aber im ersten Akt am Schluß eine gewaltige dynamische Steigerung gestanden – musikalisches Äquivalent zu der drohenden Vergewaltigung Mariens –, so endet diese Szene in völliger Stille; die Musik resigniert gewissermaßen angesichts der an Wozzek bereits verübten Gewalt. Nach seinen letzten, bedeutungsvollen Worten *Einer nach dem Andern!* sind alle Instrumente verstummt und der Vorhang fällt: Eine unvergeßliche Wirkung, der sich niemand bei einer Aufführung entziehen kann.

Hieran reziprok anknüpfend, *wiederum im Bestreben, Zusammenhang herzustellen,* öffnet sich der Vorhang zum dritten Akt (Katastrophe) bereits, während die Musik noch schweigt. Dieser Akt weist insgesamt *eine gewisse architektonische Parallelität* [200] zum ersten auf. Während dieser nämlich aus fünf *Charakterstücken* bestand, sehen wir jetzt *fünf musikalische Formen, deren Geschlossenheit durch Heranziehung irgend eines anderen musikalischen Einheitsprinzips erzielt wird. Sei es die Einheit eines «Themas», das variiert wird, sei es ein «Ton», ein «Akkord», ein «Rhythmus», eine «gleichförmige Bewegung».* [201] Was gemeint ist zeigt am einfachsten die zweite Szene, in der Wozzeck Marie ersticht. Sie ist mittels des *Einheitsprinzips* eines einzelnen Tones gebaut. Dieser, ein h, erscheint einfach oder umspielt, *als Orgelpunkt, als liegende Mittel- oder Ober-Stimme, in ein oder mehreren Oktaven vervielfacht und in allen erdenklichen Lagen und Klängen* [202], und er durchzieht bestimmend die ganze Szene. Am stärksten berührt wohl der Schluß, nach dem Mord, wenn nur das h in mittlerer Lage, als auskomponiertes Crescendo, ganz leise beginnend und in unerhörter dynamischer Steigerung in allen Instrumenten gespielt wird – ein in seiner dramatischen Eindringlichkeit beispielloses Mittel.

Wenig genug konnte hier über die einzelnen Formen des *Wozzeck* angedeutet werden. Ein paar andere wesentliche Züge – vor allem den Gebrauch von Leitmotiven und deren Verschmelzung mit den Einzelformen – werden wir später gemeinsam mit der *Lulu* betrachten, wenn es um Bergs *Idee von der Musikdramatik* geht.

Wir wollen aber nun nicht den Eindruck erwecken, als sei mit stilistischen und formalen Beschreibungsversuchen überhaupt der Gehalt des *Wozzeck* zu treffen. Die I d e e dieser Oper, die natürlich jenseits aller technischen Verfahrensweisen, über allem Methodischen steht: ihr sozialer Appell, ihre Gestaltung menschlicher Konstellationen und deren tragischer Konflikte, ihr Rang als ein Kunstwerk aus humanem Geiste, sah doch schon der junge Berg in Musik *die schönste Brücke zu edler Menschlichkeit* [203] – das alles läßt sich zwar begrifflich nennen, aber wirklich begreifen, erfahren können wir es nur aus der Musik selbst!

Wir wollen die Betrachtung des *Wozzeck* nicht schließen, ohne sein äußeres Schicksal erwähnt zu haben. Die Komposition zog sich über Jahre hin; frühe Teile aus einer um 1913/14 geplanten Symphonie gingen im Adagio-Zwischenspiel des zweiten Aktes (*Einheitsprinzip* ist dort die Tonart d-moll) auf. Sonst läßt sich die Chronologie des Arbeitsgangs nicht im einzelnen rekonstruieren, da umfangreiche Skizzen nicht zugänglich sind. Nach dem Krieg arbeitete Berg soviel als möglich am *Wozzeck*, gegen den Rat Schönbergs, der den Büchnerschen Text, mit Herder zu sprechen, nicht «musikabel» fand und ihm *die Lust nehmen wollte* [204], aber auch gegen eigene *Bedenken über das Werk im Ganzen, über die Ausführbarkeit des Planes* [205].

Nach dem Vorbild des von Schönberg eingeführten Sprechgesanges (im «Pierrot lunaire») wollte Berg zunächst einige ganze Rollen wie *Doktor oder Hauptmann ... nur melodramatisch* [206] einsetzen. Dieses Mittel hat er dann aber auf wenige Passagen beschränkt. Im übrigen legte er Wert darauf, daß auch der *Wozzeck eine Gesangs-Oper wie jede andere* [207] werden solle. Er hielt sich klar an die alten Rollencharaktere, etwa beim Hauptmann, *diese das lyrische Fach streifende Buffo-Partie* [208], ihm schwebte das Ideal des italienischen *Belcanto* vor, und er wünschte sich *alles singbar* [209].

Im Frühjahr 1922 waren Komposition (Particell) und Instrumentation beendet. Bergs Schüler Fritz Heinrich Klein machte den Klavierauszug. Obwohl einige deutsche Theater bereits *die größte Lust* hatten, *meine Oper zur Uraufführung zu bringen* [210], ließen sich diese Pläne, vor allem aus finanziellen Gründen, vorerst nicht realisieren. Und da sich auch kein Verleger rührte, brachte er mit finanzieller Unterstützung Alma Mahlers, mit der ebenso wie mit ihrem späteren Mann Franz Werfel das Ehepaar Berg inzwischen eng befreundet war, den Auszug im Selbstverlag heraus. Der *Wozzeck* ist *Alma Maria Mahler zugeeignet.*

Auf Anregung Hermann Scherchens stellte Berg für eine konzertante

---

Jänner 1923

Euer Hochwohlgeboren!

Ich erlaube mir mitzuteilen, daß der Klavierauszug meiner Oper

WOZZECK
(nach Georg Büchners Drama)

soeben erschienen ist. Der Auszug hat 230 Großquartseiten, kostet 150.000 österr. Kronen und ist direkt von mir zu beziehen.

Hochachtungsvoll
Alban Berg
Wien, XIII, Trauttmansdorffgasse 27

Wiedergabe *Bruchstücke aus Wozzeck* zusammen, die Scherchen beim Frankfurter Fest des Allgemeinen Deutschen Musikvereins am 15. Juli 1924 aufführte, *nach vielen vorherigen Aufregungen ... endlich in einen großen Sieg ausartend: bei Publikum, Musikern und Presse*[211]. Treffend charakterisierte Webern dieses auf die Figur Maries konzentrierte Werk in einem Brief an Berg: «Weißt Du, daß diese ‹Bruchstücke› zusammen ein einheitliches Ganze ausmachen? Daß sie ein selbständig geschlossenes Werk für sich bilden? Als mir das bewußt wurde, was war das für ein Moment! Ja, die ganze Tragödie dieser Frau ist damit gegeben. Und wiewohl die zwei Männer gar nicht vorkommen, weiß man alles.»[212]

Schon vorher hatte sich Erich Kleiber, Generalmusikdirektor der Berliner Staatsoper, zur Annahme der Oper entschlossen, «und wenn es mich meine Stellung kostet!»[213]. Und nach langen Vorbereitungen kam

es schließlich am 14. Dezember 1925 zur denkwürdigen Uraufführung. *Ich habe es nicht für möglich gehalten, als Musiker und Dramatiker je so verstanden zu werden, wie dies durch Kleiber geschieht* [214], berichtet Berg von den Proben. Den Wozzeck sang *eine allererste Größe in Berlin* [215], Leo Schützendorf. Und wie Berg es erwartet hatte, wurde es *eine Aufführung, die sich gewaschen hat* [216].

Dies aber nicht nur durch ihr künstlerisches Niveau! Die Meinungen waren gespalten – höchste Begeisterung und das sichere Gefühl, einen historischen Augenblick erlebt zu haben, auf der einen Seite, auf der anderen Unverständnis und Ablehnung. Dabei ist zu trennen: Einmal sachliche Berichterstattung, die manches anerkannte – so wurde Bergs Textfassung ebenso wie einzelne Stellen der Musik vielfach gelobt –, dem ganzen Werk aber nicht folgen konnte; es wäre ja auch ein Wunder, hätte man eine Oper sofort allgemein akzeptiert, von der Berg selbst sagte: ... *einmal hören ist zu wenig. Das ist doch wahnwitzig schwer zu verstehen.*[217] Bei anderen Kritikern aber blinder Haß, blind auch für die auffallendsten Qualitäten des Werkes.

Schon während der Probenzeit hatten Gegner Erich Kleibers und seines Engagements für die Moderne gegen den *Wozzeck* gehetzt; bei der Generalprobe wurden Störungen inszeniert, und nach der Premiere war die Kritik voll von Worten wie Unbegabtheit, Hinsudeln der Gedanken, Höllenspektakel, verlogen, krank, pervers, bestialisch – und schon damals fiel das perfide «Brunnenvergifter der deutschen Musik». Unter der Überschrift: «Gestotter in der Staatsoper», schrieb Paul Zschorlich unter anderem: «Ich halte Alban Berg für einen musikalisch Hochstapler und für einen gemeingefährlichen Tonsetzer. Ja, man muß weitergehen. Unerhörte Geschehnisse verlangen neue Methoden. Man muß sich ernstlich die Frage vorlegen, ob und wieweit die Beschäftigung mit der Musik kriminell sein kann. Es handelt sich, im Bereich der Musik, um ein Kapitalverbrechen.» Erst 1934, nach der *Lulu-Suite*, sollte der wortgewaltige Zschorlich, nun gestützt auf die gewalttätige Kulturpolitik von Goebbels und Göring, Berg und Kleiber zum Schweigen bringen . . .

Dieselbe Clique offenbar war es, die nicht nur Falschmeldungen über Aufführungsskandale, sondern auch das zunächst verhängnisvolle Gerücht von der «Unaufführbarkeit des *Wozzeck*» in die Welt setzte. Angaben über die Schwierigkeit der Einstudierung, zu der die vierfache

Der Komponist als Lebensretter. Eine Probe großer Geistesgegenwart legte der Wiener Komponist Alban Berg ab, der in Berlin eingetroffen ist, um in der Staatsoper der Aufführung seiner Oper „Wozzek" beizuwohnen. Alban Berg wurde auf dem Untergrundbahnhof Friedrichstadt von einer Frau darauf aufmerksam gemacht, daß auf den Schienen am Eingang eines Tunnels ein Mann liege, der in Gefahr war, von einem herannahenden Zuge überfahren zu werden. Kurz entschlossen sprang der Komponist vom Bahnsteig auf die Schienen, und mit Aufbietung aller seiner Kräfte gelang es ihm, im letzten Augenblick den Mann von den Schienen fortzureißen und in Sicherheit zu bringen. Wenige Sekunden später brauste schon der Zug über diese Stelle hinweg. Ob der Mann, der von dem mutigen Komponisten gerettet wurde, Selbstmord verüben wollte oder einen Unfall erlitten hatte, ist nicht festgestellt.

Aus der «Berliner Morgenpost» vom 11. Dezember 1925

Probenzeit wie gewöhnlich notwendig sei, sollten weitere Theater vor dem *Wozzeck* abschrecken.

1926 folgte das Nationaltheater Prag mit einer Inszenierung in tschechischer Sprache, die offenbar künstlerisch noch ausgereifter war als die Berliner. Aber es kam auf Grund politischer Intrigen zum Skandal, und als nach heftigen Auseinandersetzungen während einer Aufführung der stellvertretende Prager Bürgermeister einen tödlichen Schlaganfall erlitt, wurde die Oper von staatswegen abgesetzt. Nicht nur die tschechischen Musiker, darunter Leoš Janáček und Alois Hába, sondern auch bildende Künstler, Schriftsteller und Kritiker stellten sich öffentlich gegen das Verbot als eine behördliche Einschränkung der künstlerischen Freiheit. Janáček lehnte es ausdrücklich ab, aus der Kunst ein Politikum zu machen.

Ein Bürgermeister als Opfer moderner Kunst – das verfehlte allerdings seine Wirkung nicht. Als überdies noch Leningrad 1927 den *Wozzeck* brachte, schien er nun auch äußerlich hinreichend als bolschewistisch ausgewiesen, um die deutschen Intendanten zu schrecken. Erst dem Oldenburger Dirigenten Johannes Schüler ist es 1929 gelungen, den Bann zu brechen. *Das Märchen von der Unaufführbarkeit des Wozzeck wurde hier in einer Weise widerlegt wie Sie es nicht ahnen können. Die Aufführung war direkt ein Wunder. Ebenso die Aufnahme!* [218] Von der «Provinz» aus trat die Oper dann ihren Siegeszug über die deutschen Bühnen an. Überall gab es den *gewohnten Wozzeck-Erfolg* [219], das Ausland – darunter Bergs Heimatstadt Wien unter Clemens Krauss (1930) – folgte, und seitdem ist die Oper, mit Unterbrechung während der Nazijahre, im Repertoire. Als man 1942 in Rom die «beste deutsche Oper des 20. Jahrhunderts» spielen sollte, konnten die Italiener – ein Affront gegen die deutschen Verbündeten – den *Wozzeck* (unter Tullio Serafin) durchsetzen. Was man damals in ihm erkannte, ist er bis heute geblieben: das repräsentative Werk des modernen Musiktheaters.

KAMMERKONZERT

Wenn wir schon über die *Orchesterstücke op. 6* sagen mußten, daß ihre genaue Analyse eine eigene Spezialabhandlung erforderte, so gilt das in gleicher Weise für das *Kammerkonzert für Klavier und Geige mit 13 Bläsern*, Bergs erstes Werk ohne Opuszahl. Die Partitur, die Pierre Boulez zu Recht das «wohl strengste Werk, das Berg je geschrieben hat» [220] nannte, gibt trotz aller Übersichtlichkeit im großen, trotz des vergleichsweise geringen Instrumentariums, trotz eigener analytischer Äußerungen Bergs und weiterführender Gedanken Redlichs und Adornos noch viele Fragen und Rätsel auf.

Der Plan zu diesem Werk entsprang einem alten Vorschlag Schönbergs, der mit einer Kopenhagener Bläservereinigung in Verbindung stand und Berg zu einer Komposition für diese Gruppe animiert hatte. Mit dieser Anregung verband sich Bergs Interesse für die konzertante Form, also die Verbindung orchestraler und solistischer Elemente, das sich schon länger verfolgen läßt. Zunächst sah Berg neben Klavier und Violine als Soloinstrumenten eine *Begleitung von 10 Bläsern* [221] vor; es wurden dann endgültig dreizehn. Das *Kammerkonzert* – also in der Anzahl der fünfzehn Mitwirkenden ein bewußtes Gegenstück zu Schönbergs «Kammersymphonie» op. 9 – markiert stilistisch und ästhetisch einen Wendepunkt. Es ist die letzte Arbeit Bergs im frei atonalen Stil, bevor er die Schönbergsche Zwölftontechnik systematisch anwandte, und sie gibt eine konzentrierte Benützung all derjenigen Konstruktionsprinzipien, die dann konsequent zum Reihendenken entwickelt wurden, spiegelt aber gleichzeitig bereits Erfahrungen mit dessen orthodoxer Anwendung wider. Wo hier im einzelnen zu trennen ist, könnte nur die erhoffte Analyse zeigen.

Erste Aufführungen des Werkes fanden im März 1927 kurz hintereinander unter Hermann Scherchen (Berlin und Zürich), Anton von Webern (Wien) und am 3. Juli beim Frankfurter Musikfest unter Jascha Horenstein statt. Der erste und der zweite Satz sind auch einzeln aufführbar – dafür besorgte Berg zusätzliche Satzschlüsse. Überdies bearbeitete er 1935 den zweiten Satz als *Trio für Geige, Klarinette und Klavier.*

Ästhetisch sind außermusikalische Einflüsse evident, etwa in der Anwendung rückläufiger Formen nicht nur im satztechnischen Mikrobereich, sondern auch im Bau ganzer Sätze; ebenso im sowohl simultanen als auch sukzessiven Erscheinen desselben Phänomens bei unterschiedlichem Tempo, schließlich in der gleichzeitigen Vorführung mehrerer Phänomene. Ist es einmal der Wunsch, zeitliche Vorgänge umzukehren, quasi ungeschehen zu machen, so ist es das andere Mal die verschiedene Beleuchtung oder der unterschiedliche Blickwinkel, unter denen dieselbe Sache betrachtet werden kann, und im dritten Fall der Reiz zur Synthese disparater Gestalten. Alle diese Bestrebungen laufen auf eine Art Zeit-Perspektive hinaus und drängen die Parallele zur Filmtechnik (für die Berg zeitlebens größtes Interesse empfand, vgl. S. 120 f) geradezu auf: Rücklauf, Zeitraffer und Zeitlupe, Überlappung und Koppelung sind genuin filmische Mittel. Sie entspringen – so auch bei Berg – einerseits natürlich dem Hang zum Spielerisch-Artifiziellen, aber sie erschließen doch auch dem Ausdruck neue Bereiche; erinnert sei nur an die frühen Filme etwa Cocteaus, deren Zauber gerade in phantasievoller Anwendung solcher Techniken liegt.

Es wäre noch vieles zu sagen, zum Großen (formale Kombinationen, rhythmische Anlage usw.) wie zum Kleinen dieses Werkes (etwa die Einführung von *Zwischentönen*, die Berg hier gleichzeitig mit Alois Hábas – freilich systematisierter – Vierteltonmusik vorschreibt). Wir wollen aber im folgenden aus jenem Brief, mit dem Berg die Widmung des *Kammerkonzerts* an seinen Freund und Meister zum 13. September 1924 begleitete, zitieren, um damit nicht nur einmal ein Beispiel seines analytischen Stils, sondern auch die bis heute beste Einführung in diese schwierige Partitur zu geben:

Lieber verehrter Freund Arnold Schönberg!   *9. Februar 1925*
Die Komposition dieses Konzerts, das ich Dir zu Deinem fünfzigsten Geburtstag gewidmet habe, ist erst heute, an meinem vierzigsten, fertig geworden. Verspätet überreicht, bitte ich Dich, es dennoch freundlich entgegenzunehmen; umsomehr als es – seit jeher Dir zugedacht – auch ein kleines Denkmal einer nunmehr zwanzigjährigen Freundschaft geworden ist: In einem musikalischen Motto, das dem ersten Satz vorangesetzt ist, sind die Buchstaben Deines, Anton Weberns und meines Namens, soweit dies in der Notenschrift möglich ist (nämlich A-D-S-C-H-B-E-G, A-E-B-E und A-B-A-B-E-G) in drei Themen (bezw. Motiven) festgehalten, denen eine bedeutende Rolle in der melodischen Entwicklung dieser Musik zugefallen ist.

Wurde schon damit eine Dreiheit der Ereignisse angedeutet, so ist eine solche – handelt es sich ja um Deinen Geburtstag, und aller guten Dinge die ich Dir wünsche, sind drei – auch sonst für das ganze Werk maßgebend:
Die drei zu einem einzigen Satz vereinigten Teile meines Konzerts sind durch folgende drei Überschriften, bezw. Tempobezeichnungen charakterisiert:
    I. Thema scherzoso con Variazioni;
    II. Adagio;
    III. Rondo ritmico con Introduzione (Kadenz).
Jedem von diesen ist, die Dreizahl der vorhandenen Instrumentengattungen (Tasten-, Saiten- und Blasinstrumente) ausnützend, ein besonderer Klangkörper eigen, indem einmal das Klavier (I), einmal die Geige (II), im Finale schließlich beide konzertierenden Instrumente dem begleitenden Bläserensemble gegenübergestellt sind . . .
Auch im Formalen findet sich immer wieder die Dreizahl oder ihr Vielfaches. So gleich im ersten Satz die sechsmalige Wiederkehr desselben Grundgedankens. Dieser, als dreiteiliges Variationsthema von dreißig Takten vom Bläser-Ensemble gleichsam exponierend hingestellt, wird zuerst vom Klavier allein, im virtuosen Charakter dieses

Berg und Schönberg, um 1932

Tabellarische Übersicht

	Thema	Var. I.	II im Krebs	III in der Umkehrung	IV im Krebs der Umkehrung	V in der Grundgestalt (2. Reprise)	Taktzahl
I Thema con Variazione	in der Grundgestalt						
	(Exposition)	(1. Reprise)	(Durchführung)				
	Takte: 30	30	60	30	30	60	240

II Adagio	Dreiteilig			Krebs davon			480
	A₁	B	A₂ (Umkehr. von A₁)	A₂	B (Spiegelbild des vorherig. B)	A₁	
	Takte: 30	12	36	12	30	30	12	36	12	30	240

III (= I plus II) Rondo rhythmico con Introduzione	Introduktion (Kadenz für Geige u. Klavier)	: Exposition	Durchführung : (da capo)	2. Reprise bezw. Coda		960
	Takte: 54	96	79	76	305 / 175	480
		Wiederholung : 175			175	

Instrumentes, also zum erstenmal variiert, wiederholt (1. Reprise). Variation 2 bringt die Melodietöne des «Themas» in der Umkehrung; Variation 3 im Krebs; Variation 4 in der Umkehrung des Krebses (wobei diese drei mittleren Variationen quasi als Durchführung dieses «ersten Sonatensatzes» anzusehen wären), während die letzte Variation wieder zur Grundgestalt des Themas zurückkehrt ...

Auch der Bau des Adagio beruht auf dem «dreiteiligen Lied»: A¹-B-A², wobei A² die Umkehrung von A¹ vorstellt. Die Wiederholung dieser ersten Satzhälfte von 120 Takten geschieht krebsförmig, und zwar teils in freier Gestaltung des rückläufigen Themenmaterials, teils aber, wie z. B. beim ganzen Mittelteil (B), im genauen Spiegelbild.

Der dritte Satz schließlich ist eine Verquickung der beiden vorhergehenden (siehe tabellarische Übersicht). Infolge der dadurch bedingten Wiederholung des Variationensatzes — allerdings bereichert durch die gleichzeitige Reprise des Adagios — erhält die Gesamtarchitektonik des Konzerts ebenfalls eine Dreiteiligkeit der Form.

Die Vereinigung von Satz I und II ergab im wesentlichen dreierlei Arten der Kombination:

1. Die freie Kontrapunktierung der jeweils korrespondierenden Teile; 2. die Gegenüberstellung einzelner wörtlich übernommener Phrasen und Sätzchen im Nacheinander, also quasi duettierend, und 3. die genaue Addition ganzer Partien aus beiden Sätzen . . .

Drei rhythmische Formen: ein Haupt- und ein Seitenrhythmus und ein gleichsam als Motiv aufzufassender, werden hier, allerdings in den mannigfaltigsten Varianten (erweitert und gekürzt, vergrößert und verkleinert, enggeführt und in rückläufiger Bewegung, in allen erdenklichen metrischen Verschiebungen und Transpositionen etc.) den Melodietönen der Haupt- und Nebenstimmen unterlegt, und damit und durch ihre rondomäßige Wiederkehr eine thematische Einheitlichkeit erzielt, die der alten Rondoform in keiner Weise nachsteht, und die auch – um mich eines Deiner termini technici zu bedienen – die verhältnismäßig leichte «Faßlichkeit» des musikalischen Geschehens gewährleistet . . .

Wenn ich dennoch in dieser Analyse fast nur von jenen Dingen gesprochen habe, die eine Beziehung zur Dreizahl haben, so geschah es: Erstens, weil das gerade die Ereignisse sind, die (zugunsten aller anderen musikalischen) von niemandem bemerkt werden würden. Zweitens, weil sich als Autor ja viel leichter von solchen Äußerlichkeiten reden läßt, als von den inneren Vorgängen, an denen dieses Konzert gewiß nicht ärmer ist als irgend eine andere Musik . . . Denn in der Absicht dieser Zueignung lag es ja, Dir zu Deinem Geburtstage wirklich «alle guten Dinge» darzubringen, und ein «Konzert» ist gerade die Kunstform, in der nicht nur die Solisten (inklusive dem Dirigenten!) ihre Virtuosität und Brillanz zu zeigen Gelegenheit haben, sondern auch einmal der Autor . . .[222]

WIENER SCHULE – ATONALITÄT – ZWÖLFTONSYSTEM

Wann der Name «Wiener Schule» für die Musiker des Schönberg-Kreises aufkam, läßt sich nicht mehr genau feststellen. Sicher ist, daß er nicht etwa – wie so viele derartige Bezeichnungen – als Etikett von außen affichiert oder erst nachträglich gebildet wurde, sondern aus den eigenen Reihen kam. Man verstand sich selbst als «Schule» im alten Werkstatt-Sinne, aber auch im übertragenen Sinn, nämlich aufgefordert, «Schule zu machen», die Lehre Schönbergs weiterzugeben und Tradition zu stiften. «Wenn wir uns ‹Schönberg-Schüler› nennen, so geschieht dies mit einer ganz anderen Betonung als bei solchen, die nur ein alleinseligmachender Fingersatz oder eine neue Generalbaßbezifferung mit ihrem Lehrer unzertrennlich verknüpft. Wir wissen vielmehr, daß alle, die sich so nennen, in ihrem Denken und Fühlen von seinem Wissen berührt sind, und fühlen uns dadurch mit allen in einem gewissen geistigen Kontakt. Sein Name ist daher jedem, der sein Schüler gewesen, mehr als eine bloße Erinnerung an die Studienzeit, er ist ihm ein künstlerisches und menschliches Gewissen»[223] – so beschreibt einer der engsten Freunde Bergs, Heinrich Jalowetz, den Bund der «Schönbergianer». In der absoluten Ausrichtung auf die Autorität des Meisters, die weder Zweifel noch gar Widerspruch überhaupt aufkommen ließ, kann man wohl einzig im George-Kreis eine Parallele finden. An Schönberg hing man *in mehr als in «großer und inniger Verehrung»*[224], er war Vorbild und Maßstab nicht nur fürs Musikalische, sondern in allen weltanschaulichen, ja bis hinein in die alltäglichsten Fragen.

Wir von der Wiener Schule pflegte Berg zu sagen; oder auch in einem Brief an Webern: *Mehr als je spür ich jetzt wieder die Zusammengehörigkeit von gerade uns Dreien* (Schönberg, Berg, Webern) – *trotz der selbstverständlichen Distanz.*[225] Es war wohl Egon Wellesz, selbst Angehöriger der Wiener Schule, der in seiner Schönberg-Monographie (1921) den Terminus zum erstenmal in die Öffentlichkeit trug.

Um Unklarheiten vorzubeugen: Einige Autoren sprechen von der «Zweiten» oder «Neuen Wiener Schule», was die Existenz einer «Ersten» bzw. «Alten» impliziert. Das ist mißverständlich, denn mancher denkt dabei an Haydn, Mozart und Beethoven. Diese «Wiener Klassiker» bildeten aber keine Schule. Wollte man schon von einer «Ersten Wiener Schule» reden, so wären die Komponisten um Georg Matthias Monn, Georg Christoph Wagenseil und andere, also die der «Maria Theresianischen Zeit» – in analogem Sprachgebrauch zur «Mannheimer», «Pariser Schule» usw. – gemeint.

Im Namen «Wiener Schule» steckt mehr als nur eine einordnende Gruppenbezeichnung. Er war von Anfang an programmatisch. Unsere Vorstellung dabei ist verbunden nicht nur mit Personen und Werken ihrer drei Hauptvertreter und deren Anhängern, sondern mit der bedeutendsten und weitreichendsten musiktheoretischen Neuerung im 20. Jahrhundert, der sogenannten Zwölftontheorie. Es gibt für den Interessierten ausgezeichnete Möglichkeiten, sich über dieses Gebiet zu orientieren. Nachdrücklich sei auf die im Anhang aufgeführten Arbeiten verwiesen, unter denen die authentischen Schriften von Erwin Stein, Josef Rufer und Weberns Vortragsskripten «Der Weg zur neuen Musik» bis heute ihren besonderen Wert behalten haben. Wir wollen an dieser Stelle wenigstens in aller Kürze, soweit es für unseren Zusammenhang notwendig ist, die historischen und stilistischen Momente, die zur Zwölftontheorie führten, die Hauptmerkmale der dodekaphonischen Musik, aber auch ihre offenkundigen ästhetischen Beschränkungen andeuten.

Die Situation in allen Künsten war am Anfang des 20. Jahrhunderts gekennzeichnet einerseits durch Erfüllung und Übersteigerung all dessen, was man vom 19. Jahrhundert ererbt hatte, und andererseits vom

Heinrich
Jalowetz

Versuch um einen Neubeginn, der verbunden sein sollte mit Reduktion aufs Wesentliche: Weg vom Ornamentalen, weg von allem Raffinement, hin zum klaren Ausdruck, zur einfachen Linie, zur reihen Form. Mit den Begriffen Expressionismus und Abstraktion ist angedeutet, was für Literatur und bildende Kunst gemeint war. In der Musik verhielt es sich ebenso. Die harmonischen, instrumentatorischen und formalen Bildungen des fin de siècle, der Spätromantiker, Impressionisten (oder wie immer man sagen mag) ließen keine Weiterentwicklung mehr zu. Mit der Harmonie wurde das Fundament der Musik überhaupt betroffen; was in Wagners «Tristan» begonnen hatte – die Krise der traditionellen Harmonik –, führte zur Auflösung des ganzen Systems. Mehrdeutige Akkorde begegneten uns bereits beim frühen Berg. Wir finden sie in ähnlicher Weise bei allen Zeitgenossen, in Strauss'

83

Berg und Webern, um 1923

«Elektra» ebenso wie bei Debussy, Mahler, dem späten Puccini, Skrjabin, Reger usw.

So heterogen die Musik dieser Komponisten auch immer war, sie stellte doch jede auf ihre Weise die überkommenen Methoden in Frage und forderte zur Neuorientierung auf. Die Antworten waren ebenso vielfältig. Sie versuchten aber wiederum jeweils ohne das alte Fundament auszukommen. Das vielfach mißverstandene Stichwort – ein «Schlagwort», mit dem in der Tat aufs heftigste um sich geschlagen wurde – lautet «atonal». Seines pejorativen polemischen Beigeschmacks entzogen, will es nur sagen, daß atonale Musik nicht mehr auf der funktionalen Tonalität beruht. Der qualitative Unterschied zwischen Konsonanz und Dissonanz wird aufgehoben; alle Zusammenklänge sind gleichberechtigt. Akkorde ebenso wie melodische Fortschreitungen orientieren sich nicht mehr am Dur-Moll-System, sondern werden frei gebildet.

Damit sind zwar die Fesseln des alten Systems abgelegt, aber zugleich fehlen auch alle positiven Bindungen, voran die Möglichkeiten zur Formbildung, die der traditionellen Harmonik innewohnten. «Ein tonaler Dreiklang erhebt Ansprüche auf das Folgende und, rückwirkend, auf alles Vorhergehende» (Schönberg [226]), ein atonaler Akkord dagegen steht gewissermaßen beziehungslos im Raum: ohne Legitimation, ohne Wirkung.

Die Zeit der «freien Atonalität» war denn auch nur kurz, bzw. ihre «Freiheit» war durchaus relativ, wie eingehende Analysen beweisen. Absolute Freiheit ist unschöpferisch, und «die Aufgabe des Schaffenden besteht», so definiert Ferruccio Busoni [227], «darin, Gesetze aufzustellen, und nicht, Gesetzen zu folgen».

Um neue Gesetze, die in der Lage wären, das alte System abzulösen, also um einen «tragfähigen Unterbau» (Hindemith) atonaler Musik, mußten sich alle Komponisten bemühen. Aus dieser Notwendigkeit heraus entwickelte Schönberg seine Methode der «Komposition mit zwölf nur aufeinander bezogenen Tönen», allgemein Zwölftontheorie genannt. Diese Methode geht von den gleichberechtigten zwölf Tönen einer Oktave aus und legt fest, daß keiner von ihnen wiederholt wird, ehe die elf anderen erklungen sind. Eine Zwölftonreihe regelt die melodischen und harmonischen Beziehungen eines Stückes. Sie bildet sein Material, so wie es vorher Tonleiter und Funktionsharmonik getan haben.

Diese nach Schönbergs eigener Ansicht «verhältnismäßig primitive» Technik wird bereichert durch Transposition der Reihe, das ist ihr unveränderter Ablauf auf einer anderen Tonstufe. (Elf Transpositionen sind möglich.) Zu dieser (1.) Grundgestalt kommen die aus der alten kontrapunktischen Praxis bekannten Verfahren (2.) Umkehrung, das heißt bei gleichbleibendem Intervallabstand wechselnde Richtung (die Folge c-d-f beispielsweise lautet umgekehrt c-b-g). 3. Krebs, das heißt die rückwärts laufende Reihe (c-d-f wird also f-d-c). 4. Umkehrung des Krebses, das heißt wechselnde Richtung der rückläufigen Grundreihe (also in unserem Beispiel f-as-b).

Mit diesen vier Hauptverfahren eröffnet sich eine Fülle von melodischen und akkordischen Möglichkeiten, die gemäß dem Ziel, Gesetzmäßigkeit und Zusammenhang eines Stückes zu gewährleisten, alle von der Grundreihe abgeleitet sind. Später kommen kompliziertere Verfahren dazu, von denen uns bei Berg einige begegnen werden. Die atonale Schreibweise insgesamt kam somit in ein System, das nicht nur den melodischen Verlauf, sondern ebenso die Harmonik und kontrapunktische Gestaltung umfaßte.

Diese von Schönberg begründete Form der Zwölftontechnik (gleichzeitig gab es andere Versuche, von denen nur das «Tropen»-System von Josef Matthias Hauer erwähnt sei) wurde im Februar 1923 zum erstenmal den Schülern bekanntgemacht und alsbald von ihnen erprobt und übernommen.

Heute, wo die Epoche der Dodekaphonie historisch geworden ist wie der Kubismus oder die expressionistische Lyrik, lassen sich ihre ästhetischen Möglichkeiten ebenso wie ihre Grenzen leicht erkennen. Beide spiegeln sich wider in einem Briefwechsel zwischen Ernst Křenek und Eduard Erdmann von 1924, in dem Křenek die Situation eines freiatonalen Komponisten beklagt und zu Schönbergs System tendiert: «Wir machen Dinge, die so, aber auch ein bißchen anders sein könnten. Das darf nicht sein. Die Sicherheit und Überzeugungskraft der Inspiration überlassen zu wollen, hieße eine billige Ausrede und einen schimpflichen Notausgang wählen. Es muß die absolute Sicherheit im Stoff gefunden werden, die unabänderliche intellektuelle Verantwortung.»[228] Dagegen erkennt Erdmann: «Das Schema als solches ist schöpferisch wertlos und heißt die Vermeidung einer Welt von Möglichkeiten.»[229] Beide haben, so können wir heute sagen, recht gehabt. Der Wunsch nach gültigen Handwerksregeln ist ebenso verständlich wie die Skepsis gegenüber einer verabsolutierenden Systematik.

Auch in der älteren Musik hatte es ja Methoden gegeben, die auf weite Strecken mechanischer Programmierung unterlagen. Man braucht gar nicht bis zur «isorhythmischen Motette» des 15. Jahrhunderts zurückzugehen, es genügt schon eine Betrachtung des Fugenprinzips. Dieses war – im Gegensatz zur Zwölftontechnik – immer am Klang orientiert. Innerhalb des Fugenablaufs mußten harmonische Übereinstimmungen erzielt und es durften bestimmte Regeln der Stimmführung aus klanglichen Gründen nicht verletzt werden. Ein Fugenthema muß also von vornherein so gewählt sein, daß es harmonisch und melodisch den vorgeschriebenen Prozeduren entgegenkam. Dies nun ist beim Zwölftonprinzip anders. Indem es chromatisch, also unharmonisch konzipiert wird, und indem melodischer und satztechnischer Verlauf sich aus Transposition, Umkehrung, Krebs und anderen technischen Verfahren ableiten, wobei also wieder nur das Reihenmaterial selbst Ausgangsbasis und Methode zugleich darstellt, entfällt per definitionem die

klangliche Kontrolle. Dies, so scheint es, ist der Punkt, an dem Alban Berg seinerseits Bedenken empfand – eine Kritik, die er – wie wir sehen werden – zwar nicht expressis verbis aussprach, die aber doch implizite in seinen Werken aufklingt. Seine großartige Leistung um die Zwölftonmusik war, soviel sei hier vorweggenommen, die Vereinigung der strengen Technik mit einer klanglichen Milde, die ihm oft den Ruf des «letzten Romantikers» eingetragen hat.

Soviel bedeutende Literatur es auch über die Zwölftontheorie und die mit ihr komponierten Werke gibt – die eigentliche künstlerisch angemessene Würdigung dieser ganzen Epoche steht erst in den Anfängen. Es wird dahin keinen anderen Weg geben, als Stück für Stück zu analysieren. Denn ebensowenig wie sich etwa Haydn oder Brahms durch eine noch so umfassende traditionelle Kompositionslehre begreifen lassen, genügt die Kenntnis des Reihenprinzips zur Analyse Schönbergs, Weberns oder Bergs. Die unbefriedigende Situation kommt nicht von ungefähr; es fehlt uns noch das adäquate analytische Handwerkszeug.

Zum fünfundzwanzigjährigen Bestehen der Universal-Edition (1926) bereiteten ihre Autoren eine Jubiläumsgabe vor, die dem Direktor Emil Hertzka überreicht werden sollte. Auch Berg *sandte ein ... Lied, bzw. zwei – über denselben Text, ein ganz altes und ein ganz neues* [230]. Es handelt sich um Theodor Storms Gedicht «Schließe mir die Augen beide mit den lieben Händen zu», das er zweimal vertont hatte, das erste Mal 1907 [231] in einem ausgesprochen romantischen C-Dur-Lied, welches harmonisch und im Klaviersatz deutlich das Vorbild Johannes Brahms erkennen läßt. Eine Besonderheit freilich ist seine metrische Struktur: die ganz einfache volksliedhafte 4/4-Periodik wird in einen 5/4-Takt gefügt, so daß die gewohnten Akzente verschwimmen und durch Einschiebungen, gewissermaßen auskomponierte Fermaten, eine zögernd strömende, träumerische Stimmung entsteht, die dem Text aufs schönste gerecht wird.

Diesem alten Lied stellt Berg die zweite Vertonung desselben Textes (1925) gegenüber, welche seinen *ersten Versuch strenger 12 Ton-(Reihen-)Komposition* [232] darstellt, um mit diesen beiden Beispielen den *ungeheuren Weg, den die Musik von der tonalen Komposition zu der* «*mit 12 nur aufeinander bezogenen Tönen*», *vom C-Dur-Dreiklang zum Mutterakkord* [233] zurückgelegt hat, nachzuzeichnen. Eine Allintervallreihe oder der sogenannte «Mutterakkord», *der von Fritz Heinrich Klein entdeckte 12-Ton-Akkord, der auch alle zwölf Intervalle enthält* [234], ist das Ausgangsmaterial des 2. *Stormliedes* und liegt auch der *Lyrischen Suite* zugrunde. Berg hält sich zunächst in der Anwendung der Reihentechnik ganz an das Vorbild gleichzeitiger Schönberg-Werke: Die Reihe tritt lediglich in ihrer Grundgestalt und in rückläufiger Anordnung auf. Worum es ihm aber bereits hier – wie auch später in seinem ganzen Werk – ging, ist nicht die orthodoxe Anwendung einer Technik, sondern ihre Verbindung mit den traditionellen harmonischen Möglichkeiten. Während nämlich die strengen Anhänger der Zwölftontheorie bewußt alle Konsonanzen mieden, versuchte Berg gerade umgekehrt, in seine Reihen selbst oder in ihre Anwendungsarten Dur- und Moll-Verbindungen von vornherein einzuplanen, um auf diese Weise traditionelle Wirkungen methodisch zu legitimieren. Darin unterscheidet er sich grundsätzlich vom Schönberg dieser Epoche und übt, wie Rudolf Stephan treffend festgestellt hat, «tiefsinnige Kritik am System» [235].

Wer die *Lyrische Suite für Streichquartett* unvorbereitet hört, mag kaum glauben, daß es sich bei ihr um ein streng durchkonstruiertes Werk handelt. So gefühlsbetont, so «empfunden» und «romantisch» wirkt diese Musik in ihrem Ausdruck, daß man ihr den kalkulierten Intellekt des Komponisten nicht anmerkt. Sie entstand 1926. Vergleicht man mit ihr Schönbergsche Werke derselben Zeit, etwa das Bläserquintett, die Suite op. 29 oder das dritte Streichquartett, so fällt diese Eigenschaft um so mehr auf. Während nämlich Schönbergs Stücken ein auf weite Strecken gleichförmiger Ablauf eignet und ihnen der Elan temperamentvoller Affekte größtenteils abgeht, sticht bei Berg gerade die Qualität des – richtig verstanden – «Musikantischen» hervor, welche freilich nie auf Kosten subtilster Form- und Satztechnik geht und dem Werk seine herausragende Popularität in der Kammermusik des 20. Jahrhunderts, vergleichbar darin nur den Quartetten Bartóks, sicherte. Wenn man Schönbergs Stil jener Jahre, seine orthodoxe Anwendung der Zwölftontechnik recht würdigt, dann muß man an Bergs Stil die ungeheure Meisterschaft, die Souveränität über alles doktrinäre Denken doppelt bewundern! Man darf hier wohl als Maxime ein Wort Mozarts zitieren, der zu einigen seiner Konzerte selbst sagt, sie seien «sehr Brillant – angenehm in die ohren – Natürlich, ohne in das leere zu fallen – hie und da – können auch kenner allein satisfaction erhalten – doch so, daß die nichtkenner damit zufrieden seyn müssen, ohne zu wissen warum»[236], mit anderen Worten: Diese Musik bekennt sich zu ihren emotionalen Möglichkeiten, ohne dabei auf Wirkung auszugehen, sie erfüllt zugleich die strengsten Kriterien der Kompositionstechnik, ohne indes nur noch für Analysekurse zu taugen.

Nach dem 2. *Stormlied*, das Berg zum erstenmal die Möglichkeit gegeben hatte, in kleinem Rahmen die Schönbergsche Reihentechnik anzuwenden, hofft er, es möge ihm nun, im September 1925, *der schwierigste aller Sprünge – der in den Komponier-Anfang gelingen ... Es soll übrigens eine Suite für Streichquartett werden. 6 kürzere Sätze mehr lyrischen als symphonischen Charakters*. Nachdem er dem Freund Webern gestanden hatte, in der *Kunst der strengsten 12-Ton-(Reihen-)Komposition ... leider noch nicht so weit* wie dieser zu sein, kam er doch *langsam ... auch in diese Schreibweise hinein, was mir eine große Beruhigung ist*. Nach langer Unterbrechung während des Winters war es ihm dann im Juni 1926 – nach der Rückkehr aufs Land – *endlich geglückt, den eingerosteten Arbeitskarren wieder in Bewegung zu setzen*. Bei der Schwierigkeit der strengen Reihenkomposition erlaubt sich Berg, *um nicht zu verzagen, zwischendurch Rückfälle in meine altgewohnte freie Schreibweise* [237].

Diese Bemerkung trifft zu für die ganze Anlage der *Lyrischen Suite*. Sie enthält sechs Sätze, deren kompositorische Methode wechselt:

1. *Allegretto gioviale (12 Ton)*
2. *Andante amoroso (frei)*
3. *Allegro misterioso (12 Ton)*
   Trio estatico (frei)
4. *Adagio appassionata (frei)*
5. *Presto delirando (frei)*
   Tenebroso (2 Trios – 12 Ton)
6. *Largo desolato (12 Ton)* [238]

Auffallend schon hier die proportional ansteigende Parallelität der Tempi: Allegretto – Allegro – Presto, Andante – Adagio – Largo. Ähnliche formale Beziehungen lassen sich in reichem Maße auch im Detail aufspüren.

Den mit 12 Ton bezeichneten Sätzen bzw. Satzteilen liegt dieselbe Reihe wie dem 2. *Stormlied* zugrunde. *Die Reihe verändert sich jedoch,* wie Berg in einer Analyse für das Kolisch-Quartett ausführte, *im Verlauf der 4 Sätze durch Umstellung einiger Töne (Diese Veränderung unwesentlich in Hinblick auf die Linie, wesentlich aber in Hinblick auf die Charaktere – «Schicksal erleidend»)*[239]. Höchst bemerkenswert ist die motivische Verbindung der einzelnen Partien untereinander: *Die Verknüpfung der einzelnen Sätze geschieht – abgesehen davon, daß die 12Ton-Reihe eine solche Verknüpfung herstellt – dadurch, daß jeweils 1 Bestandteil (1 Thema oder 1 Reihe, 1 Stück oder 1 Idee) in den folgenden Satz hinübergenommen wird und der letzte wiederum auf den 1. zurückgreift. Natürlich nicht mechanisch, sondern ebenfalls im Verhältnis der großen Entwicklung (Stimmungssteigerung), innerhalb des ganzen Stücks («Schicksal erleidend»!).*[240] Dies findet sich in

Berg (Mitte hinten) und Schönberg (rechts, stehend) probieren mit dem Kolisch-Quartett. Zeichnung von Benedikt F. Dolbin, 1923

Form von mehr oder weniger veränderten und weiterentwickelten Zitaten, mehr oder weniger wörtlichen Reminiszenzen in allen Sätzen.

Ein Begriff aus diesen analytischen Notizen fiel besonders auf: *Schicksal erleidend*. Er bezeichnet dieselbe musikalische Denkhaltung, der wir bereits unter dem Schönbergschen Terminus «entwickelnde Variation» begegneten: Das Material unterliegt ständiger Umstellung, Verwandlung und wechselnder Beleuchtung einzelner Aspekte; es besteht aber durch all diese Manipulationen hindurch als Grundlage des Ganzen und als einheitlicher Bezugspunkt aller Perspektiven weiter. Wie der Held eines Romans bleibt es substantiell, «als Figur» unangetastet trotz der unterschiedlichen Kontellationen, unter denen es erscheint, trotz der Schicksale, denen es ausgesetzt ist.

Die Anwendung der Zwölftontechnik geschieht auf ausgesprochen phantasievolle Weise, wenn etwa – im dritten Satz – aus der Grundreihe in ihren verschiedenen Lagen durch *Abschnürung* einer Vierergruppe Achttonreihen entstehen, oder wenn im ersten Satz die Reihentöne diatonische Skalenbildung im Tritonusabstand (F-Dur und H-Dur) ermöglichen und somit eine quasi traditionell harmonische Spannung im Sinne des Verhältnisses von Vordersatz und Nachsatz einer Sonatenexposition erlauben. Am stärksten hervorzuheben zu diesem Komplex ist Bergs eigene Bemerkung Schönberg gegenüber, aus der hervorgeht, daß *ein Satz . . . den Versuch darstellt, in der allerstrengsten 12 Ton-Musik mit stark tonalem Einschlag zu schreiben; was jedenfalls möglich war* [241]. Welchen Satz Berg damit im Auge hatte, wissen wir nicht, aber der Hinweis trifft auf den ersten ebenso wie auf den letzten zu, in welchem *das ganze Material . . . auch das Tonale (Dreiklänge etc.), ebenso das Tristanmotiv* (das er in Takt 26/27 zitiert) *. . . aus strenger Befolgung der 12Tonreihen* [242] hervorgegangen ist.

Berg liebte es, zu zitieren, fremde Zweige seiner eigenen Musik aufzupfropfen und mit ihr zusammenwachsen zu lassen. Neben dem Tristan-Motiv ist ein Zitat Zemlinskys hervorzuheben. Bergs Quartett ist, darauf spielt schon der Titel an, in seiner lyrischen, unsymphonisch-«unsonatigen» Haltung dessen «Lyrischer Symphonie» op. 18 (1924) nachempfunden, die – ungeachtet der Bezeichnung als Symphonie – ein Gegenstück zu Mahlers «Lied von der Erde», nämlich eine Folge von Liedern für Sopran und Bariton mit Orchester auf Gedichte von Rabindranath Tagore darstellt. Daher also das Zitat. Überdies wurde die ganze *Lyrische Suite Alexander von Zemlinsky zugeeignet*, worin nicht nur die Verwandtschaft der Stimmung zum Ausdruck kommt, nicht nur die Dankbarkeit Bergs gegenüber dèm älteren Freund, der sich als Dirigent nachhaltig für die *Wozzeck-Bruchstücke* eingesetzt hatte, sondern worin auch ein zarter Zug menschlichen Bekennens liegt, nachdem sich nämlich Schönberg und Zemlinsky entfremdet hatten.

Konnte man einen abgestuften Zusammenhang im Sinne stilistischer Vorbereitung bereits von den *Altenberg-Liedern* auf den *Wozzeck* hin erkennen, war dann das 2. *Stormlied* in bezug auf die *Lyrische Suite* ein Prolegomenon zum – Bergisch gesprochen – *Warmwerden* im neuen Zwölftonstil gewesen, so galt auch die jetzt folgende *Weinarie* einer «Prüfung der Schwingen», die (um Wagners Metapher übers Verhältnis der «Wesendonk-Lieder» zum «Tristan» fortzusetzen) sich dann in der *Lulu* zur vollen Pracht entfalten und die gewonnene Meisterschaft zu freiem rauschendem Flug erheben sollten.

Berg hatte im Frühjahr 1929 die Texteinrichtung zur *Lulu* abgeschlossen und wollte sich den Sommer über ganz ihrer Komposition widmen. Da gab ihm während eines Gesprächs über die eben veröffentlichten und im Winter 1928/29 vielfach mit Erfolg aufgeführten *Sieben frühen Lieder* die Sängerin Ruzena Herlinger die Anregung, einmal «eine große Arie oder Kantate im modernen Stil, wie Mozart so viele hatte»[243], zu schreiben. Vieles mochte ihn an dieser Idee gereizt haben, aber den Ausschlag angesichts seiner finanziellen Abhängigkeit von den Verlagsvorschüssen gab wohl der *sehr verlockende «Auftrag»* [244] und die Aussicht auf 5000 Schilling.

Am 23. Juli bereits, also nach einer für den langsam Arbeitenden recht kurzen Zeit, die nur noch vom *Violinkonzert* – ebenfalls einem Auftragswerk – unterboten wurde, konnte Berg melden: *Heute habe ich die Komposition ... beendet. Ich mache mich jetzt gleich daran, ein Handexemplar ... abzuschreiben und dann die Partitur herzustellen ... Dann aber – Lulu!* [245]

Die Arie war, wie er zur Auftraggeberin äußerte, *mit besonderer Berücksichtigung der vielen Schönheiten Ihrer Stimme* [246] geschrieben und wurde von ihr am 4. Juni 1930 unter Hermann Scherchen in Königsberg zum erstenmal gesungen. Ob nun tatsächlich nach Hans W. Heinsheimers Bemerkung ihre «finanzielle Potenz ihre stimmliche Qualität leider stark übertraf» [247], läßt sich nicht mehr nachprüfen. Fest steht, daß Berg stets den Wunsch hatte, *meine Weinarie einmal von einem Tenor singen zu lassen. Textlich ist die Arie ja unbedingt ein Männerlied* [248], der aber erst 1952 in Karl Amadeus Hartmanns Münchner «Musica viva»-Konzerten durch den großen englischen Tenor Peter Pears in Erfüllung ging. Es handelt sich ja auch im originalen Titel ausdrücklich um eine *Konzertarie mit Orchester* und nicht um eine «Konzertarie für Sopran», wie die 1966 erschienene Partitur irreführend überschrieben ist.

Als Texte wählte Berg drei Gedichte aus dem Fünferzyklus «Le Vin» von Charles Baudelaire, die zum erstenmal in den «Fleurs du mal» 1857 erschienen und von Stefan George 1901 ins Deutsche umgedichtet worden waren. Diese Textwahl wirft ein Licht auf seine liebevolle Vertrautheit mit der französischen Kultur, der er im Gegensatz zu Schönberg

Charles Baudelaire. Selbstbildnis

und Webern immer nahestand. Er hat denn auch neben der George-
schen Übertragung das Originalgedicht als gleichermaßen authentische
Grundlage vertont und beide Solostimmen in parallelen Systemen untereinander notiert (was leider nur im gedruckten Klavierauszug wiedergegeben wurde). Die Varianten zwischen französischer und deutscher
Gedichtfassung berühren zwar nicht den musikalischen Gehalt, diver-
gieren aber doch wegen der verschiedenen Diktion und Wortstellungs-
akzente. Bei der Anpassung der Stimme an Baudelaires Verse hatte der
befreundete Schweizer Dirigent Ernest Ansermet geholfen.

Die musikalische Form der Arie gliedert sich entsprechend den drei
Gedichten in A – B – A¹. Damit hält sie sich auch genau an den Typus
der Da capo-Arie. Übrigens hat sich, das sei angemerkt, in der Musik
nach 1945 besonders Hans Werner Henze mit der alten Arienform beschäftigt; dabei konnte er ebenso Bergsche Erfahrungen wie solche mit
der neoklassischen Musik, also etwa dem «Rake's Progress» von Stra-

winsky, weiterführen.

Dem Teil A zu «Die Seele des Weines» folgt B «Der Wein der Liebenden» und A¹ «Der Wein des Einsamen», wobei zwei ruhige Abschnitte den *leicht bewegten* Mittelteil einrahmen. Wie wir der Vorliebe Bergs für symmetrische, spiegelbildliche Anordnung im Großen und im Detail schon ein paarmal begegneten, so bringt auch hier das Nachspiel des B-Teils nichts anderes als die krebsläufige Rückführung des Vorangegangenen, die dann zur verkürzten Reprise des A-Teils (A¹) überleitet.

Das Urteil Schönbergs über die *Wein-Arie* betont eine wesentliche Eigenschaft: «Ich finde diese Partitur wirklich von so außerordentlicher Klarheit in der Anlage und in der klanglichen Disposition, daß ich das als einen durchaus ungewöhnlichen Eindruck hervorheben möchte. Ich kenne wirklich wenig moderne Partituren (meine eigenen eingeschlossen), von denen ich das Gleiche sagen könnte. Ebenso bedeutend finde ich die thematische Erfindung.» [249]

Aber weder im formalen Bereich noch in der Handhabung der Reihentechnik liegt das Novum dieser Komposition, sondern in einem inhaltlichen Aspekt, nämlich dem Einbeziehen von Elementen aus der Unterhaltungsmusik der zwanziger Jahre. Typische Instrumente, harmonische Wendungen und vor allem Rhythmen des Jazz und der südamerikanischen Tanzmusik fanden ja nach dem Ersten Weltkrieg vielfach Eingang in die europäische Musik – es sei nur an den Blues in Ravels Violinsonate, Strawinskys Ragtime oder – als prominentestes Beispiel – an Křeneks Oper «Johnny spielt auf» erinnert. Indem Berg, wenn auch vergleichsweise sparsam, in der *Wein-Arie* ein *Tempo di Tango* einführt, steht er singulär neben den anderen «Wienern», bei denen der Gebrauch des Saxophons schon das größte Zugeständnis an die Sphäre der Unterhaltungsmusik darstellte.

Man könnte bei Berg in diesem Fall wie auch in parallelen *Lulu*-Stellen die Tanzrhythmen – denn mehr adaptiert er nicht – vom Text her legitimieren. Aber ihre Einbeziehung entspringt wohl auch hier mehr dem grundsätzlichen Synkretismus Bergs, jener Bemühung um Synthese des Verschiedenen, die ihn in allen Bereichen reizte. Freilich, es ist nicht angemessen, wie Adorno es tut, so zu sprechen, als gäbe es in der *Wein-Arie* so etwas wie eine ästhetische Auseinandersetzung und ein Problem «Berg und der Jazz» (ganz abgesehen davon, daß Tango keine Jazzform, sondern ein lateinamerikanischer Tanz ist!). Wenn man etwa Strawinskys «Geschichte vom Soldaten» daneben betrachtet, wird der Unterschied zu Berg sofort klar: Jener nimmt einen Tango als Ganzes, unter Beibehaltung seiner Tanzfunktion, in seine Partitur hinein; dabei liegt das einzigartige Niveau im Grad seiner Stilisierung und instrumentalen Reduktion. Berg dagegen schreibt keinen Tanzsatz, sondern wohlgemerkt nur einen *Tempo di Tango*-Abschnitt, in dem rhythmische Chiffren quasi ausgeborgt, aber vollkommen verfremdet der Bergschen Tonwelt assimiliert werden.

Wien: die Kärntnerstraße, um 1920

PERSÖNLICHKEIT – ALLTAG – LEBENSUMSTÄNDE

Bergs Kunst ist nicht nur eng an die österreichische Tradition, sondern
– darauf hat man mehrfach zu Recht hingewiesen – auch an die österreichische Landschaft und an Wien gebunden. Homme du monde, der er
im Umgang war, blieb er doch fest in seiner Heimat verwurzelt und lebte
aus ihr. Zeitweiliger Wien-Haß, diese typische Eigenschaft aller echten
Wiener, war verbunden mit der Erkenntnis, *daß ich in einer anderen
Stadt noch viel unglücklicher wäre und mich gewiß nach Wien zurück-
sehn würde* [250]. So wie wir uns Kafka nicht anders denn als Prager,
Trakl nur als Salzburger denken mögen, war Berg schlechterdings Wiener.

Das «Waldhaus» am Wörther See

Während des Sommers hielt er sich am liebsten in Kärnten auf – auch nachdem der «Berghof» 1921 verkauft worden war, wohnte er dort noch häufig als Sommergast – oder in der Steiermark, im Landhaus der Nahowskis in Trahütten. Das 1932 in einer Versteigerung erworbene «Waldhaus» am Wörther See wurde ihm für die letzten Jahre der geliebte Aufenthalt, wo *Lulu* und das *Violinkonzert* entstanden.

Naturschönheit, Blumen, Tiere bedeuteten für Berg etwas Persönliches. Darin war er Webern verwandt, dessen Leidenschaft zum Bergsteigen er auch teilte, soweit er es sich gesundheitlich zumuten konnte. Besonders liebte er in den späteren Jahren Ausflüge mit seinem Auto. Diesem – Erfüllung eines jahrzehntealten Wunsches, der erst realisiert werden konnte, als die Tantiemen aus *Wozzeck* es erlaubten – galt eine geradezu zärtliche Leidenschaft, die sich aber meist gemischt mit kokett ironischen Untertönen äußerte. *Mein Ford ist sehr brav, ich hoffe als Fahrer bald seiner würdig zu werden*[251], schrieb er an Hans Heinsheimer von der Universal-Edition, mit dem ihn überhaupt über das Verlegerische hinaus ein freundschaftliches Verhältnis verband, wie aus den launigen Bemerkungen Bergs hervorgeht, etwa wenn er einen Brief aus Trahütten mit dem Schüttelreim schließt: *Ansonsten behauptet der Komponist der Wein-Arie von sich*

> *Daß seine Nase leuchtet wie ein Scheinwerfer*
> *weil hier in Steiermark der Wein schärfer* [252].

Heinsheimer – später emigriert und heute Leiter eines amerikanischen Musikverlags – hat Bergs Persönlichkeit mehrmals lebendig geschildert. Wir erfahren da nicht nur vom aristokratischen Wesen und der ungemeinen Liebenswürdigkeit Bergs – Eigenschaften, die alle hervorheben, die ihn kannten. Nicht nur vom Eindruck, daß er «selbst als er auf der Leiter des Erfolges aufgestiegen war und überall in der Welt anerkannt und verehrt wurde ... niemals arrogant [war] ... niemals die Attitude des Gefeierten an[nahm] ... auch nicht etwa zurückhaltend und verschlossen [wurde]. Immer blieb er er selbst: freundlich, angenehm und überaus menschlich.» Nicht nur, daß «man mit ihm ohne Scheu über sein Werk sprechen» und auch Bedenken vorbringen konnte, nicht nur von unzähligen Begegnungen und Erlebnissen, sondern auch zum Beispiel von seiner Vorliebe für pikante Witze, von seiner Fußballeidenschaft, seiner

Bergs Musikzimmer im «Waldhaus»

Neigung zu gutem Essen – kurz: wir erleben den ganzen Menschen in der sympathischsten Weise.[253]

Sein Äußeres beschreibt Heinsheimer: «Berg war ungewöhnlich hochgewachsen, hielt sich jedoch etwas nach vorn geneigt, als wolle er sich auf elegante und bescheidene Weise seiner Umwelt gegenüber verbeugen. Er hatte große, weiße Hände, die von einem faszinierend anzusehenden Netz blauer Venen durchzogen waren. Sein Gesicht war wunderbar geschnitten, ein fast spöttisches Lächeln lag ständig auf seinen Lippen, und die großen, warm strahlenden Augen blickten einen stets voll an. Die meisten der vielen erhaltenen Aufnahmen werden ihm nicht ganz gerecht. Sie wirken oft ein wenig steif, etwas zu schön, etwas gestellt, nicht so menschlich wie die Wirklichkeit, geben nicht das Zwinkern der Augen wieder, das uns so gut in Erinnerung ist, und nicht das Leiden, das uns so wohlbekannt war.»[254]

Bergs normaler Tageslauf begann um halb acht Uhr, wenn er sich regelmäßig, auch nach vorhergehenden «langen Abenden», an die Arbeit begab. Mittags hielt er eine Stunde Ruhe, am Nachmittag unterrichtete er seine Schüler, und der Abend blieb für Besuche, Konzerte usw. reserviert. Die eigentlich fruchtbare Arbeitsperiode war (auch darin Mahler verwandt) der Sommer, in dem er seinen *Ernteurlaub* auf dem Land nahm. Hier wurde das Arbeiten nur durch den Besuch von Freunden, durch lange Wanderungen und Autofahrten unterbrochen. Oft blieb er bei Spaziergängen stehen und notierte sich einen kompositorischen Einfall, wie überhaupt das Komponieren nicht nur aufs Studierzimmer beschränkt war. Es gab *Töne und Melodien, die ich mir in der Stadtbahn gerade noch ausdachte, die aus wärmstem Gefühl erfunden, entstanden sind* [255], oder: *Gestern am Heimweg ... fiel mir plötzlich das ein, was ich den ganzen Vormittag am Klavier nicht recht finden konnte.*[256]

Der halbe Arbeitstag verging wie gesagt durch die Betreuung der Schüler, von denen nur Hans Erich Apostel, Josef Rufer, Josef Polnauer, Paul Königer, Fritz Heinrich Klein, Bruno Seidlhofer, Reich und Adorno genannt seien. Das Unterrichten machte Berg einerseits Spaß, besonders wenn er mit Fortgeschrittenen analysieren konnte; andererseits strengte es ihn an, weil er auf jeden Schüler persönlich eingehen wollte.

Aber das Unterrichten war nicht das einzige, was Energie und Zeit zum Komponieren raubte. Bergs Berufung in mehrere Gremien anfangs der dreißiger Jahre, zum Beispiel den Vorstand der Internationalen Gesellschaft für Neue Musik, die Jury des Allgemeinen Deutschen Musikvereins usw. brachte neben der Ehre manche Last mit sich: *Im Laufe des Monats September und Oktober mußte ich ca. 300 kg Opern durchsehen: Partituren, Klavierauszüge und Textbücher. Es war eine Kanalräumer-Arbeit!* [257] Andererseits gab ihm die aus solchen Verpflichtungen sprechende Anerkennung *wieder frischen Mut* [258], besonders wenn aus ihr die Achtung ausländischer Kollegen zu spüren war, *denn die internationale Geltung ist ja das einzige, was unsereiner diesem Vaterland, das einen verleugnet, entgegenhalten kann* [259].

Ein in mehrerer Hinsicht bezeichnendes Licht auf Bergs Art im persönlichen Umgang, seinen subtilen Humor und seine Selbstironie wirft folgender Brief, den er am 1. Februar 1925 dem Direktor Hertzka von der Universal-Edition schickte:

Sehr geehrter Herr Direktor
selbst auf die Gefahr hin, daß man mich, der bisher eher für einen Verschämten gegolten hat, nunmehr der Unverschämtheit zeiht, nehme ich meinen 40. Geburtstag (am 7. Februar) zum feierlichen Anlaß, mir von der U. E. etwas zu wünschen; u. zw. zwei Partituren Schönbergs (Lied der Waldtaube, Bearbeitung für Kammerorchester, und Bach Choralvorspiele, gesetzt für großes Orchester), die ich (vor meinem 50. mindestens) ja doch kaum in der Lage sein werde, mir zu kaufen! Um auf ehrliche Weise dennoch in ihren Besitz zu gelangen, betrete ich diesen nicht ganz gewöhnlichen Weg und hoffe dabei nicht irregegangen zu sein, was ganz besonders freuen würde

Ihren stets sehr ergebenen Alban Berg [260]

Der Brief spiegelt aber auch ein Faktum wider, das ausdrücklich genannt werden muß: Bergs lebenslange unsichere, meist schlechte finanzielle Lage. Er mußte die beiden ersten Notenausgaben selbst finanzieren. Für den Klavierauszug der «Gurrelieder» bekam er entgegen seiner höheren Forderung ein Honorar von nur 100 Kronen. *Ich ... akzeptiere also den von Ihnen vorgeschlagenen Betrag, nicht weil ich meine Meinung über meine Forderung geändert habe, sondern – verzeihen Sie werther Herr Direktor die Bemerkung – weil mir nichts anderes übrig bleibt.* [261] Noch den Klavierauszug des *Wozzeck* gab er, von Alma Mahler-Werfel unterstützt, zunächst im Eigenverlag heraus, und erst im April 1923 wurde er *mit Hertzka ... handelseins* [262] und *damit, ein fast Vierzigjähriger, als einer der letzten der damals fällig gewesenen Talente, in die Reihe der U. E.-Autoren aufgenommen* [263]. Nach dem großen Erfolg des *Wozzeck* erhielt er zum erstenmal feste monatliche Zahlungen (als Vorschüsse) des Verlags. Ende der zwanziger Jahre beginnen die Tantiemen zu fließen. Als 1934 auf Vermittlung Schönbergs die Washingtoner Library of Congress den *Ankauf der Wozzeck-Partitur* [264] für 1000 Dollar erwog, kam es um deren Besitzrecht zu einer sachlich harten Auseinandersetzung mit dem Verlag, die aber – das sei hervorgehoben – von beiden Seiten loyal geführt wurde. Man einigte sich auf Teilung des amerikanischen Geldes: Berg bekam also für die handschriftliche Partitur des *Wozzeck* 500 Dollar, gleich 3000 Schilling – das entsprach drei Monatszahlungen der UE an Berg. Es sei hier, ohne Kommentar, erwähnt, daß ein deutsches Antiquariat ein einzelnes Skizzenblatt zu *Wozzeck* Ende der sechziger Jahre für 3500 DM angeboten hat!

Aus einem Kompositionsauftrag derselben Bibliothek für ein Streichquartett ist *leider ... nichts geworden* [265]. Gewisse Einkünfte kamen aus dem Unterricht; aber öffentliche Anerkennung und geregelter Lebensunterhalt durch eine Lehrstelle blieben aus. 1931 schrieb Schönberg ihm: «Es ist wirklich kaum zu begreifen, daß man in Wien weder an Dich noch an Webern wegen einer Professur an der Akademie herangetreten ist. Aber glaube mir: es braucht Dir nicht leid zu tun; es wird denen einmal mehr leid tun!»[266] Und nicht ohne Rührung liest man, wie Berg noch im November 1935, wenige Wochen vor seinem Tode, die Redaktion des «Anbruch» *höflichst* ersucht, *in den Personalnachrichten Ihrer Zeitschrift folgende Notiz aufzunehmen: Alban Berg unterrichtet (Theorie und Komposition) ab November wieder in Wien XIII. Trauttmansdorffgasse 27* [267].

Schon unter diesen finanziellen Gesichtspunkten mußte das Jahr 1933, als die neue Regierung Deutschland zwang, seinen Geist aufzugeben, für Berg persönlich katastrophale Folgen haben. Aber abgesehen von der erheblichen materiellen Einbuße durch die plötzlich gestoppten reichsdeutschen Aufführungen traf ihn innerlich zutiefst die damit verbundene Ächtung seiner sich auf Beethoven und Brahms berufenden Kunst als «undeutsch». Ganz zu schweigen vom Schicksal Schönbergs und der jüdischen Freunde und Kollegen, die nicht nur als Künstler, sondern auch als Menschen «entartet» und damit doppelt verhaßt, doppelt gefährdet waren.

Bereits 1930, als der NSDAP-Anteil der deutschen Reichstagssitze von 12 (1928) auf 107 (SPD: 143, KPD: 77) gestiegen war, hatte Berg, der nach einem Zitat Gerhart Hauptmanns *dem Sozialismus* zwar *nahe*stand, sich jedoch *nie als Sozialdemokrat* [268] fühlte, gefragt: *Was sagst Du zu dem fürchterlichen Ergebnis der deutschen Wahlen?!!* [269] Und er machte sich nach 1933 auch *immer mehr meine Gedanken über Österreich und Deutschland* [270]. Gemeinsam mit Webern überlegte er, wie dem aus Berlin emigrierten Schönberg zu helfen sei; nach Wien zu kommen *würde ich ihm nicht raten. Seit ich hier bin, kann ich die Angst nicht loswerden, daß auch hier die Nazi siegen werden, bezw. unsere Regierung nicht stark genug sein kann, es zu verhindern. Dazu höre ich täglich deutsche Radioreden!* [271]

Die Auswirkungen der politischen Ereignisse zeigten sich bereits im Februar 1933, als Berg in der Jury des Allgemeinen Deutschen Musikvereins *leider nicht so erfolgreich sein konnte, wie ich noch gestern hoffte. Die Rücksichtnahme auf Nazi muß so groß sein, daß z. B. Schönberg entfällt und auch ... Pisk und Jelinek, die sonst sicher gewählt worden wären.* [272] Um so mehr betonte er die *Zusammengehörigkeit jener paar «Arier» die etwas sind*, und er sprach in diesem Zusammenhang *sehr gut mit Hindemith* [273]. Hindemith, der damals noch für Berlin von der neuen Musik zu retten versuchte, was möglich war, fragte Berg im Mai 1933: *«Warum kommen Sie eigentlich nicht zu uns in die Musikhochschule?» Ich: ??? Er: «Wollen Sie nicht?» Ich: «O ja!» Er: «Das läßt sich vielleicht machen!» Ich: «Mit der Art Musik, die ich mache?» Er: «Warum nicht?» Es wären jetzt zwei Vakanzen (zwei alte Herren). «Ich werde*

sehen und glaube bestimmt, daß sich da etwas machen läßt.»[274] Es kam
nicht dazu. Hindemith selbst mußte 1934 Deutschland verlassen.

Von Bergs eigenen Werken waren besonders die *Symphonischen
Stücke aus der Oper Lulu* und die geplante *Lulu* selbst betroffen. Sie war
April 1934 im Particell beendet und sollte in der Saison 1934/35 uraufgeführt werden. Es war abgemacht, daß sie ebenso wie 1925 der *Wozzeck*
von Erich Kleiber, dem Dirigenten, bei dem sich Berg sicher war, daß er
aus künstlerischer Überzeugung und unter *Erfüllung aller Bedingungen*[275] dahinterstehe, dirigiert würde. Berg erwog auch schon, *wer von
den beiden: Gründgens oder Fehling ... eher in Betracht*[276] als Regisseur
käme. Als seitens der Berliner Behörden der Widerstand gegen die Oper
wuchs, bot sich, wie Berg der Universal-Edition mitteilte, Hans Swa-

An die Redaktion des «Anbruch»

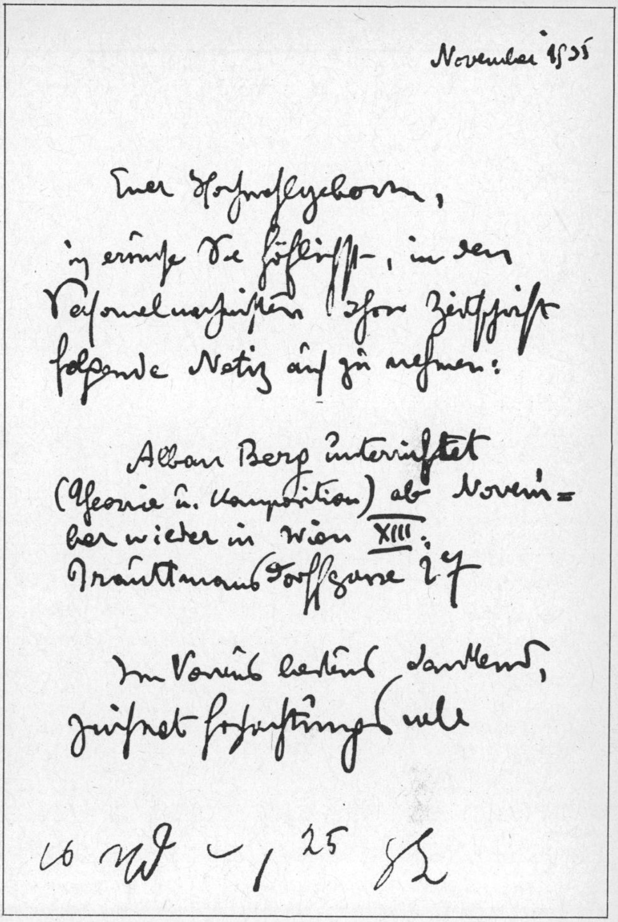

November 1935

Euer Hochwohlgeboren,

ich ersuche Sie höflichst, in den Personalnachrichten Ihrer Zeitschrift folgende Notiz aufzunehmen:

Alban Berg unterrichtet (Theorie u. Komposition) ab November wieder in Wien XIII. Trauttmansdorffgasse 27

Im Voraus bestens dankend, zeichnet hochachtungsvoll

rowsky an, er wolle *«alle sich aus der heutigen Zeit evtl. ergebenden Schwierigkeiten zu überwinden trachten ... und die Uraufführung am Hamburgischen Staatstheater ... ermöglichen»*[277]; später dachte man an Georg Szell in Prag, Klemperer wollte die *Symphonischen Stücke* in New York herausbringen.

Zu alldem kam es nicht. Nachdem Kleiber unter großem persönlichem Einsatz am 30. November 1934 mit der Preußischen Staatskapelle die *Lulu-Symphonie* zur Uraufführung gebracht hatte, begann eine Pressekampagne gegen ihn und Berg. Die infamste Stimme erhob der vom

Am Fenster: Alban Berg. Darunter: Bildnis Alban Berg, von Schönberg gemalt

Wozzeck her bekannte Paul Zschorlich in der «Deutschen Zeitung»: «In demselben Augenblick, in dem der Streit um Hindemith, der jetzt zu dem Rücktritt Furtwänglers geführt hat, entbrannt war, hat es Generalmusikdirektor Erich Kleiber für richtig befunden, Oel in die Flammen zu gießen und Bruchstücke aus der Oper *Lulu* des Oesterreichers Alban Berg aufzuführen. Er wird sich nicht wundern dürfen, wenn er sich hierdurch angesengt fühlen muß.» Der Schreiber wirft dann Berg vor, er sei Schüler Arnold Schönbergs, der «bei uns heute verpönt» ist, er habe einen Stoff, dessen «leichtfertige Weltanschauung in Deutschland heute unmöglich ist», vertont, denn er habe «Musik um eine Dirne herumgeschrieben» und damit «der Verherrlichung des Lasters» gedient. Er sei ein Komponist «schwächlicher parfümierter Musik ... Diese Kokain-Musik bedeutet uns eine Krankheit, und zwar eine unheilbare, denn sie ist eine Krankheit des gesamten Systems ... Wir erleben den musikalischen Bolschewismus in der Reinkultur ... Natürlich ist diese Musik auch völlig gemütlos.» Zschorlichs nordisches Gemüt nahm denn auch vor allem Anstoß am «typischen Kleiber-Publikum, in dem der Anteil jüdischer Hörer, wie stets in den Kleiber-Konzerten, unverkennbar stark war», und schloß: «Wir glauben mit aller Bestimmtheit versichern zu können, daß künftig für bedenkliche Koboldsprünge und Kulturexperimente von der Art des Alban Berg-Konzerts kein Betätigungsfeld mehr vorhanden ist.»

Gegen dieses «Wir», das hier unmißverständlich auftrat, waren positive Äußerungen wie die von Robert Oboussier, Josef Rufer und Hans Heinz Stuckenschmidt machtlos. Erich Kleiber trat vier Tage nach dem Konzert als Generalmusikdirektor der Staatsoper zurück und verließ unter Protest gegen die nationalsozialistische Kulturpolitik Deutschland im Januar 1935. Bergs Musik erklang in Deutschland erst wieder nach 1945.

Sein ganzes Leben lang hat Alban Berg eine starke Neigung gehabt, Gedanken über ästhetische Fragen und seine analytischen Erkenntnisse auch schriftlich zu formulieren und einem größeren Kreis als nur seinen eigenen Schülern zugänglich zu machen. Oft zwang ihn dazu freilich die Not des Tages, was er gern ironisch mit dem Wort *Kunst geht nach Brot* [278] kommentierte. Andererseits aber spürte er fraglos große Lust am pointierten Schreiben, ja seine *Veranlagung ermöglicht eine schriftstellerische Produktion nur dort, wo mich die Möglichkeit zur Satire reizt* [279]. Er trug sich zu Anfang der zwanziger Jahre sogar lange Zeit mit dem Gedanken, sich *ganz der Musikschriftstellerei zu ergeben* [280], wozu ihn der Erfolg seiner für die «Musikblätter des Anbruch» geschriebenen Aufsätze – besonders des glänzenden über *Die musikalische Impotenz der «Neuen Ästhetik» Hans Pfitzners* mit seiner vorbildlichen Analyse von Schumanns «Träumerei» – ermunterte.

Monographische Arbeiten über Mahler und Schönberg wurden geplant, *Schönbergs Werke schreien ja nach all dem* [281], aber es kam lei-

Mit Gerhart Hauptmann in Rapallo, um 1930

der zu keiner Ausführung. Das Niveau der früheren Analysen (Gurrelieder, Kammersymphonie, Pelleas) und der späteren Aufsätze und Vorträge – speziell seiner Selbstanalysen – machen diese Tatsache besonders bedauerlich.

Berg steht als «musicus doctus» in einer langen Reihe schreibender Musiker, von Berlioz und Wagner bis zu Stockhausen und Boulez. Mit Arnold Schönberg und Ernst Křenek verbindet ihn dabei ein gemeinsames literarisches Vorbild: Karl Kraus. Kraus' Bedeutung für die ganze Wiener Schule ist gar nicht hoch genug einzuschätzen. Er war nicht nur Vorbild als Sprachmeister, sondern bedeutete, wie Swarowsky einmal sagte, «für uns alle so etwas wie ein stellvertretendes Gewissen». Schönberg beteuerte, er habe von ihm «vielleicht mehr gelernt, als man lernen darf, wenn man noch selbständig bleiben will»[282]. Berg gehörte nicht nur zu den treuen Lesern der «Fackel», sondern stand Kraus auch per-

Karl Kraus

sönlich nahe. Zu seinem 60. Geburtstag am 28. April 1934 begrüßte er ihn *als den, als der Sie zu Ihrem hundertsten von der ganzen Welt – auch von der deutschsprechenden und auch von der österreichisch denkenden – gefeiert werden: als einen der größten österreichischen Künstler, als einen der größten deutschen Meister* [283].

Besonders faszinierte Berg die Vorstellung einer kritischen und erzieherischen Zeitschrift wie Kraus' «Fackel» für den musikalischen Bereich. *Sie täte schon not: ich wünsche sie mir seit 25 Jahren. Am liebsten schriebe ich sie selber: aber dann müßte ich das Komponieren aufgeben.* [284] Die Idee wurde von Willi Reich aufgegriffen, der 1932 ein entsprechendes Organ gründete, an dem Berg lebhaften Anteil nahm. Reich berichtet: «Nach langem Hin und Her einigten wir uns schließlich auf

Alban Berg. Zeichnung von Karl Kraus

den Titel ‹23 – Eine Wiener Musikzeitschrift›, den wir offiziell von der Nummer des Paragraphen des österreichischen Preßgesetzes ableiteten, auf das man sich berufen mußte, wenn man die Berichtigung eines Zeitungsartikels erzwingen wollte, dem aber im geheimen Bergs ‹Schicksalszahl› zugrunde lag ... Berg las jedes Manuskript und jeden Korrekturbogen und beriet uns bis in die kleinste Einzelheit sachlicher und sprachlicher Art.»[285] Das Titelblatt hatte er entworfen.

Neben den zahlreichen gedruckten analytischen Arbeiten Bergs gibt es – sicherlich eine große Zahl – Analysen, die zum privaten Studium oder zum Demonstrieren im Unterricht angefertigt wurden und die nie zur Publikation bestimmt waren. Über ihren Umfang kann noch keine nähere Angabe gemacht werden. Es mag der Hinweis genügen, daß in Bergs nachgelassener Notenbibliothek, zum Beispiel in den Partiturausgaben Schönbergscher Werke, sich viele detaillierte Bemerkungen finden, teils auf eingelegten Blättern und – wie es Bergs Sinn fürs optisch Klare entsprach – in verschiedenen Farben eingetragen. Besonderes Interesse verdienten diese Notizen natürlich, wo sie, wie etwa im Falle von Schönbergs drittem Streichquartett, dodekaphonischen Kompositionen gelten und sich dabei in ihren analytischen Ambitionen nicht nur auf ein Abzählen der zwölf Reihentöne, sondern auf Klärung der jetzt bestehenden harmonischen Verhältnisse und ihre traditionell harmonische Deutung beziehen. Dieses ganze Gebiet – Bergs analytische und pädagogische Arbeiten und Skizzen – einmal aus den Quellen zu bearbeiten, gehört zu den dringendsten Themen einer späteren Berg-Forschung. Und es dürfte, wenn der Nachlaß zugänglich sein wird, ohne Zweifel Aufschlüsse über Bergs Musikdenken wie auch über sein eigenes Schaffen geben.

Ein bezeichnender Zug von Bergs Wesen sei hier nachgetragen. Er war bereit, sich für Kollegen, die er schätzte, und besonders für begabte junge Musiker, einzusetzen. So empfahl er, um nur einen solchen Fall zu nennen, seinem Verleger eindringlich den Druck von Kompositionen seines Schülers Hans Erich Apostel: *Ich tue das mit gutem Gewissen, nachdem gegen ein Verlegen dieser famosen Lieder weder künstlerisch noch materiell ein Bedenken vorliegt und es sich außerdem mit meinen Bestrebungen zur Förderung des «Nachwuchses» deckt.*[286]

Diese *Förderung des Nachwuchses* war ein zentrales Anliegen Bergs, nicht nur als Lehrer, nicht nur durch Fürsprache und ideelle Hilfe. Er hatte sich gewünscht, *wenn meine Werke einmal etwas tragen sollten*, junge Komponisten und Interpreten auch finanziell unterstützen zu können. Aus diesem Geiste heraus hat Helene Berg 1955 die «Alban Berg-Stiftung» gegründet, die der Pflege seines Werkes und seines Nachlasses dient und die – lediglich aus Einkünften seiner Werke – Bergs nobles Vermächtnis erfüllt.

LULU

Über die ließe sich freilich eine interessante Oper schreiben, sagt Alwa von Lulu (I/3), um allerdings gleich beim Vergegenwärtigen der ersten Szene hinzuzufügen: *Schon faul!* Nur ein Aperçu? – Schönberg hatte, ewig skeptisch gegen die Vertonung des Büchnerschen «Woyzeck», einmal geäußert, es sei eher Aufgabe der Musik, sich mit Engeln zu beschäftigen als mit Offiziersburschen. Nun, die Sphäre der Lulu ist die des Engels ebenso wie die der Hölle, des «Faulen» wie des Erhabenen. Wedekinds Text bleibt – wie ja die Vorlage Büchners auch – trotz aller konkreten Zeitbezogenheit überzeitlich, allgemeinmenschlich. Der Figur ist mit üblichen psychologischen Kategorien nicht beizukommen. Indem sie ihre Namen wechselt – Lulu, Eva, Mignon, Nelly –, ist sie die eigentlich Namenlose, eine Frauengestalt, die nicht reduziert werden kann auf einen der Pole, Göttin oder Teufelin, oder gar auf eine real denkbare Frau, sondern die den *Würgengel* ebenso wie das *verkörperte Lebensglück* darstellt.

Frank Wedekind (1864–1918) hatte sein Lulu-Drama, dessen Arbeit sich über ein Jahrzehnt erstreckte, zunächst als einheitliches Stück konzipiert, dann aber in zwei Teilen ausgeführt: «Erdgeist» (erschienen 1895) und «Die Büchse der Pandora» (1904). Dies zweite Stück vor allem war es, das Anstoß bei der öffentlichen Moral erregte – übrigens nicht nur wegen des «liederlichen Lebenswandels» von Lulu selbst, sondern auch wegen einiger unschicklicher Ausdrücke des ordinären Kraftprotzes Rodrigo Quast und wegen der eigentlichen tragischen Hauptfigur, der lesbischen Gräfin Geschwitz. In drei Prozessen wurden dem Autor allerdings die sittlichen Qualitäten seiner Dichtung ausdrücklich bestätigt. Wedekinds Vorwort zur ersten nicht eingestampften Ausgabe (1906) nimmt zu den Vorwürfen seiner Ankläger ausführlich Stellung und wird jeden Leser heute noch als eines der reinsten und verehrungswürdigsten Bekenntnisse eines moralischen Künstlers begeistern. Darin ist ihm nur Karl Kraus' Einleitungsvortrag zu der von ihm veranstalteten «Büchse der Pandora»-Premiere am 29. Mai 1905 in Wien vergleichbar.[287]

Eben dieser in die Geschichte eingegangenen Aufführung, bei der außer Kraus und Wedekind selbst unter anderen auch dessen spätere Frau Mathilde Newes (Lulu), Egon Friedell und (als Geschwitz) Adele Sandrock mitwirkten, hatte der zwanzigjährige Alban Berg beigewohnt. Schon damals hatte ihn an Wedekind die *ganz neue Richtung – die Betonung des sinnlichen Moments* [288] gereizt. Wenn er sich nun aber über zwei Jahrzehnte später zur Vertonung der «Lulu» entschloß (statt des auch ins Auge gefaßten «Und Pippa tanzt!» von Gerhart Hauptmann, wofür er bereits ein Szenarium entworfen hatte), so war es neben dem Gespür für den Stimmungs- und Schattierungsreichtum und neben der «Musikabilität» des Dramas vor allem jene überzeitlich humane Deutung durch Kraus, die Berg anzog.

Hatte er bei der Einrichtung des *Wozzeck*-Textes vor allem umstellen und nur geringfügig straffen müssen, so galt es jetzt, *vier Fünftel von Wedekinds Original* zu *streichen* [289], um aus zwei ausgewachsenen Theaterstücken ein normales Libretto zu erhalten. Für den Entstehungsgang im einzelnen sei auf die ausführliche «Zeittafel der *Lulu*» in Redlichs Buch (S. 214–217) verwiesen. Soviel ist zu sagen, daß sich die Arbeit über Jahre bis zu Bergs Tod hinzog – unterbrochen durchs *Violinkonzert* – und daß die Oper nicht bis zur Aufführbarkeit vollendet werden konnte. Damit ist das Hauptproblem angedeutet: Was wir heute kennen ist Fragment. Darüber später mehr.

Die ganze Oper, so wie sie geplant war, besteht aus sieben Bildern und einem Prolog; von ihm aus gesehen erschließt sich alles Folgende: Sie ist stilisiert in die betont unrealistische Sphäre der Zirkus- oder Jahrmarktswelt gestellt. Ein Tierbändiger fordert zum Eintritt in die Manege auf. Man wird nicht wie sonst *in den Lust- und Trauerspielen* nur *Haustiere* sehen, *die sich so gesittet fühlen*, sondern:

Frank und Tilly Wedekind

> *Das wahre Tier, das wilde, schöne Tier,*
> *Das, meine Damen! – seh'n Sie nur bei mir,*

nämlich den Tiger, Bären, Affen, das Kamel, dazu *das Gewürm aus allen Zonen*: Reptile, Molche, Krokodil und schließlich die Schlange. Ein Bühnenarbeiter trägt die Darstellerin der Lulu auf die Bühne, und der Tierbändiger preist sie als seine *süße Unschuld – meinen größten Schatz:*

> *Sie ward geschaffen, Unheil anzustiften,*
> *Zu locken, zu verführen, zu vergiften –*
> *Zu morden – ohne daß es einer spürt.*
> *(Lulu am Kinn krausend):*
> *Mein süßes Tier, sei ja nur nicht geziert!*
> *Du hast kein Recht, uns durch Miaun und Pfauchen*
> *Die Urgestalt des Weibes zu verstauchen.*
> *(zum Publikum)*
> *Es ist jetzt nichts Besond'res dran zu seh'n,*
> *Doch warten Sie, was später wird gescheh'n.*

Es ist wichtig, von hier aus die Oper zu sehen. Nichts wäre verfehlter, als in ihr nur den Aspekt des «sozialen Mitleids» (Redlich) oder gar nur den politisch-frauenemanzipatorischen – die beide freilich darin sind –

111

Lulu (Helga Pilarczyk) und Dr. Schön (Ratko Delorko)
in der Oper «Lulu». Hamburgische Staatsoper

hervorzustreichen. Bewußt wird Lulu als Schlange vorgeführt, worin die
biblische Vorstellung von der Inkarnation des Bösen mitschwingt. Sie
verkörpert ein Prinzip, sie ist keine reale, sondern eine mythische Figur.
Dabei ist die nach dem Prolog nun abrollende Handlung klar in ihrer
Zeitbezogenheit definiert, so eindeutig sogar, daß man Wedekinds Drama um 1900, Bergs Oper (angezeigt durch einige moderne Requisiten)
um 1930 ansiedeln kann. In dieser fixierten Zeitlichkeit gelten auch die
eindringlichen gesellschaftskritischen Appelle, die sich – um nur die
wichtigsten zu nennen – gegen doppelte Moral (etwa die Ehepläne des
Dr. Schön), gegen die Mißachtung der Frau als lediglich ein Objekt

männlicher Lust und die daraus resultierende ständige Schuld des Mannes gegenüber der Frau und gegen die Verurteilung des «Verwerflichen» aus bürgerlicher Sicherheit heraus wenden: Hier vor allem die Gräfin Geschwitz, die durch «das auf ihr lastende furchtbare Verhängnis der Unnatürlichkeit», ihre lesbische Veranlagung, und deren brutale Ächtung durch die Gesellschaft zur eigentlich «tragischen Hauptfigur» (Wedekind, 1906) wird.

Sie ist von allen Figuren die humanste – eine Frau, die aus ihrer reinen, selbstlosen Liebe ungeheure Kräfte schöpft und in heldenhaftem Mut ihre Existenz für die Geliebte einsetzt. Krasses Gegenteil dazu: der von Männlichkeit strotzende Athlet Rodrigo, ein Feigling und nichtsnutziger Parasit (ein «Genie der Begrenztheit» nennt ihn Kraus), der sich, indem er Lulu zur *graziösesten Luftgymnastikerin der Jetztzeit* machen will, eine neue Karriere als Akrobat erhofft. Daneben die Verkörperung selbstzerstörerischen Schwärmens: ein Gymnasiast, Hosenrolle und schon bei Wedekind von einem Mädchen gespielt. Dazu die seltsame Figur des Greises Schigolch, dessen väterliche Beziehung zu Lulu geheimnisvoll bleibt.

Neben diesen drei mehr typisierten als individuell gestalteten Männerfiguren stehen die eigentlichen Männer der Lulu, die einer nach dem andern an ihr umkommen: Der Medizinalrat, in Bergs Kürzung nur noch eine Nebenrolle; er tritt auf und stirbt vom Schlag gerührt. Der Maler von Lulus Porträt, welchem eine entscheidende Rolle in der Dramaturgie des ganzen Stücks zukommt, indem es durch alle absteigenden Stationen hindurch die Erinnerung an Lulus ursprüngliche Schönheit festhält. Dr. Schön, die männliche Hauptfigur des ersten («Erdgeist»-)Teils, ist der Vertreter des gutsituierten Bürgertums und der einzige Mann, den Lulu wirklich liebt und der auf unentrinnbare Weise ihr immer wieder verfällt. Sein Sohn Alwa – bei Wedekind Schriftsteller, bei Berg Komponist – folgt Lulu, ebenso wie Schigolch und die Geschwitz, bis zum Ende.

Alle diese *Trabanten der Lulu* [290] sind in ihrer krassen Zeichnung, die durch Bergs Textreduktionen noch holzschnitthafter wird, und in den unwirklichen Situationen, die ihnen widerfahren, natürlich nicht realistisch zu verstehen. Wie alle Opernfiguren sind sie allegorische Gestalten, Träger geistiger Prinzipien in zeitgenössischer Staffage. Immer bleibt die Welt des Zirkus (darin an den uralten Topos «Welt als Bühne» anknüpfend) durchscheinend, die vom Prolog her die ganze Szenenfolge als Projektionspunkt durchzieht.

Allen Figuren sind eigene musikalische Bildungen zugeordnet, die sich entsprechend ihrer dramaturgischen Funktion auf Lulu, auf die Lulu-Reihe beziehen. Daneben ist die Oper reich an motivischen Bezügen, an Erinnerungen auch durch bestimmte Klangkombinationen, durch rhythmische Leitgedanken. In der formalen Anlage erscheinen wie im *Wozzeck* absolute Formen (Sonate, Arie usw.) neben neuen Bildungen (z. B. die *Monoritmica*, eine Weiterentwicklung der *Wozzeck*schen *Invention über einen Rhythmus*). Das Orchester faßt prismatisch die ganze Farbigkeit Bergscher Instrumentationskunst zusammen.

Wir wollen hier nur das Zentralstück aus der Oper heranziehen, nämlich das *Lied der Lulu* aus der ersten Szene des zweiten Aktes und auch nur sein Grundmaterial betrachten. Textlich liegt hier gewissermaßen *schon ein Programm für das ganze Werk* ... *Wie kaum eine Textstelle des ganzen Buchs, ist es unabhängig vom dramatischen Geschehen, also in seiner fast philosophischen Auseinandersetzung von Mann und Frau unverbindlich und allgemeiner Natur* [291] und dabei doch ganz auf die Lulu-Figur bezogen.

Der Text lautet:

Wenn sich die Menschen um meinetwillen umgebracht haben, so setzt das meinen Wert nicht herab. Du hast so gut gewußt, weswegen Du mich zur Frau nahmst, wie ich gewußt habe, weswegen ich Dich zum Mann nahm. Du hattest Deine besten Freunde mit mir betrogen, Du konntest nicht gut auch noch Dich selber mit mir betrügen. Wenn Du mir Deinen Lebensabend zum Opfer bringst, so hast Du meine ganze Jugend dafür gehabt. – Ich habe nie in der Welt etwas anderes scheinen wollen, als wofür man mich genommen hat. Und man hat mich nie in der Welt für etwas anderes genommen als was ich bin.

Diesem programmatischen Charakter des Textes, seiner Funktion als Kernzelle des ganzen Dramas, entspricht die musikalische Gestaltung: Dem Lied liegt die Lulu-Reihe in ihrer ursprünglichen Form zugrunde – jene Zwölftonreihe, die an den anderen Stellen der Oper nur verändert und verzerrt, in Spiegelungen gleichsam, welche aber alle von der einheitlichen Projektionsquelle ausgehen, erscheint:

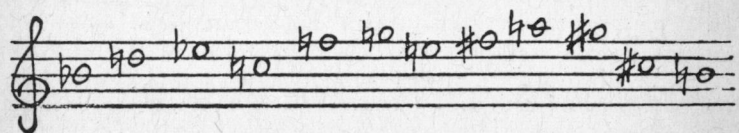

Dazu finden sich in Bergs Nachlaß zwei Reihentafeln, große Notenblätter von je 48 Systemen untereinander in der für Berg typischen kalligraphischen und optisch klaren Anordnung. Sie enthalten die Reihe, das eine Mal in ihrer Grundgestalt, das andere Mal in der Umkehrung, und ihre jeweiligen Transpositionen um einen Halbton. Damit sind alle möglichen Erscheinungsformen der einfachen Reihe, ohne daß sie bereits in sich verändert worden wäre, zusammengestellt. Aus ihnen schrieb Berg nun die sich ergebenden Dur-, Moll-, verminderten und übermäßigen Dreiklänge, die möglichen Tonleitern (chromatische, Dur-, Moll- und Ganztonskalen) heraus, kurz: er analysiert die Reihe im Hinblick auf die ihr immanenten traditionell-musikalischen Bestandteile. Diese nun im einzelnen in der Komposition aufspüren zu wollen, würde eine eigene Abhandlung erfordern. Das Verfahren wirft aber schon nach diesen kurzen Andeutungen ein entscheidendes Licht auf Bergs Drang zur

Synthese aller Ausdrucksmittel und ihre Verschmelzung mit Hilfe des ordnenden Systems der Reihenkomposition. Hier liegen die Wurzeln für die immens reiche Musiksprache der *Lulu*.

Über die sogenannte *Lulu-Suite* – der Titel hat sich so eingebürgert, obwohl es *keine Suitenmusik, sondern eine größtenteils symphonische* ist und Berg ihr nach einigem Hin und Her den *endgültigen richtigen* Titel *Symphonische Stücke aus der Oper Lulu* [292] gab – wurde schon im Zusammenhang mit ihrer Uraufführung durch Erich Kleiber berichtet. Zwei dieser orchestralen Stücke, nämlich *Variationen* und *Adagio* stammen bereits aus dem dritten Akt der Oper, die zwar vollständig zu Ende komponiert ist, aber nur in Form eines Particells, das heißt einer auf wenige Systeme zusammengefaßten Notierung mit vereinzelten Hinweisen zur Orchestrierung, vorliegt. Einen Klavierauszug fertigte Erwin Stein, Schüler Schönbergs und langjähriger Freund Bergs, an. Die Instrumentierung konnte Berg aber nicht mehr vollenden.

Nach seinem Tode hat Helene Berg drei befreundeten Komponisten die Vervollständigung der Instrumentation angetragen: Schönberg, Webern und Zemlinsky. Zeitungsberichte («Das Echo», Wien) wußten bereits am 15. Januar 1936 von Schönbergs definitiver Zusage zu berichten; das war jedoch voreilig. Alle drei Freunde Bergs haben nach eingehenden Überlegungen die Vollendung der *Lulu* abgelehnt. Daraufhin hat Helene Berg eine Ausführung von fremder Hand nicht gestattet. Die Oper ist Fragment und wird als solches gespielt.

Während bei der Uraufführung in Zürich am 2. Juni 1937 der Regisseur die Handlung des dritten Aktes mündlich erläuterte und dann das abschließende *Adagio* folgte, pflegt man heute allgemein nach einem Vorschlag zu verfahren, der in zahlreichen Inszenierungen als theaterwirksame Lösung erprobt wurde: Die *Variationen* werden bei geschlossenem Vorhang gespielt. Zum *Adagio* spricht die Geschwitz einen Monolog. Dann tritt Lulu «mit Jack auf und fordert Geld. Jack gibt eine Münze. Beide verschwinden in der Dachkammer. Bei Takt 77a Lulus Stimme aus der Kammer: ‹Nein ... nein ... nein ... nein ... nein ...›, und gleich darauf (Takt 78) ihr Todesschrei. Am Ende von Takt 85 stürzt Jack aus der Kammertür und stößt Geschwitz das Messer in den Leib. Geschwitz bricht zusammen, Jack verschwindet. Von Takt 99 an Schlußgesang und Tod der Geschwitz.» [293]

Man hat vielfach den Wunsch geäußert, Bergs größtes und reifstes Werk vollständig zu kennen. Dieser Wunsch ist natürlich berechtigt, denn es gibt bekanntlich Meisterwerke des Musiktheaters nicht wie Sand am Meer, und die zwar praktikable Lösung des dritten Akt-Problems bleibt doch eine Notlösung, aus der auch durch dauernde Wiederholung keine Tugend zu machen ist.

Die entscheidende Frage heißt: Kann und darf die Oper von fremder Hand vollendet werden? Erstens: sie könnte es sicher, wobei allerdings die Vorstellung verfehlt sein dürfte, die noch zu leistende Arbeit erschließe sich völlig aus dem Particell und Bergs eigenen analogen Par-

tien, und der dritte Akt so somit gleichsam nur noch mechanisch auszu-
füllen. Aber ein mit Bergs Stil Vertrauter und als Musikdramatiker gleichermaßen Erfahrener würde mit genügend Einfühlung wohl eine ver-
tretbare Lösung finden; man denke nur an Komponisten vom Niveau
eines Luigi Dallapiccola oder Ernst Křenek. Beide haben es aber, mit dem
Vorschlag konfrontiert, ebenso wie Schönberg, Webern und Zemlinsky,
nicht gemacht; kein verantwortungsbewußter Musiker wird sich auch
dazu drängen. Adorno schlug vor, ein Kollektiv von Instrumentatoren
einzusetzen, die sich wechselseitig kritisieren und berichtigen, «solange
noch die Bergsche Tradition gegenwärtig ist und ein paar Menschen le-

Reihentafeln zur «Lulu»-Reihe (Ausschnitt)

ben, die durch Schule und eigene Erfahrung wissen, wie etwa die vollendete *Lulu* auszusehen und zu klingen hätte»[294]. Kollektive Kritik und kritisches Kollektiv mögen hier am Platze sein, und es würde möglicherweise eine jeden überzeugende Fassung herauskommen. Aber sie wäre natürlich nichts weniger als authentischer Berg. Das führt uns zur zweiten Frage: Darf *Lulu* von fremder Hand – oder Händen – vollendet werden? Diese Frage hat ihre ethischen Aspekte. Nicht nur, daß es um das ausdrückliche Recht der Witwe und den Respekt vor ihrer Entscheidung ginge, die im übrigen schon wegen ihrer selbstlosen und nur aus künstlerischer und menschlicher Verantwortlichkeit stammenden Moti-

117

ve über das abschätzige Diktum von der «Künstlerwitwe» erhaben ist. Darüber hinaus muß man bedenken, daß Berg selbst mehrfach mündlich geäußert hat, der dritte Akt sei *noch gründlich* zu *überholen*. Sicher – es gibt das berechtigte Interesse, ja geradezu das Besitzrecht der Menschheit auf die Werke ihrer großen Künstler (das ist eine alte humanistische Auffassung; berühmtestes Beispiel dazu wäre Max Brods Veröffentlichung der Werke Kafkas). Es gibt aber auch die Würde eines Kunstwerks, was auch Respektierung des Unvollendeten heißt und angesichts derer fremde Eingriffe so etwas wie eine «Sünde wider den Geist» bedeuten.

Es ist schwer, zwischen dem Für und Wider dieser ähnlich stichhaltigen Argumente zu entscheiden. Es gehört indes nicht viel prophetische Phantasie dazu, sich ihre schließlich Lösung auf längere Sicht vorzustellen. Bis dahin kann man nur hoffen, daß der dritte *Lulu*-Akt wenigstens zu Studienzwecken einsehbar gemacht werde.

BERGS «IDEE VON DER MUSIKDRAMATIK»

Grundlegender Gedanke und Ausgangspunkt allen echten Musiktheaters ist die Entsprechung zwischen Szene und Musik, zwischen dem also, was in der Partitur und was auf der Bühne vor sich geht. Man erinnere sich, um ein besonders sinnfälliges Beispiel, und zwar aus Verdis «Maskenball», zu wählen, nur an die dort gegebene Übereinstimmung beider Bereiche, wenn Riccardo auftritt: Das Volk macht ihm Platz, und er durchschreitet mit herrscherlicher Geste die Menge bis zum Vordergrund der Bühne. Dieser Auftritt ist komponiert, er klingt als suggestiver szenischer Vorgang aus der Musik! Von unzähligen ähnlichen und bis in subtilste psychologische Entsprechungen reichenden Beispielen wollen wir jetzt nicht weiter reden. Alle großen Musikdramatiker, Monteverdi und Mozart, Rossini und Wagner, haben diesen Gedanken von szenischer und musikalischer Kongruenz jeder auf seine Art, jeder für seine Zeit und mit seinen Mitteln erfüllt. Aber er kann nicht in Form einer erfolgreichen Lösung einfach übernommen werden, sondern muß von jeder Generation neu durchdacht werden.

Die Situation des Musiktheaters, die Berg vorfand und auf der er aufzubauen hatte, war geprägt vor allem durch den Namen Wagner. Auch Strauss war ja im Hinblick aufs Operndramaturgische nicht über ihn hinausgegangen. Wagner hatte gegen den Typus der Nummernoper, in der abgeschlossene Arien- und Ensembleformen mit freien Rezitativen alternierten, also gegen die Oper als eine Kunstform von absolut-musikalischem Grundcharakter, Stellung bezogen. Seine Antwort war das Musikdrama, in dem reinmusikalische Formen gemieden und an ihre Stelle am Text- und Handlungsablauf orientierte Motivzusammenhänge gesetzt wurden – «Leitmotive» als «Säulen des dramatischen Gebäudes,

*Anton
von Webern*

aus deren wohlbedingter wechselseitiger Wiederkehr ganz von selbst auch die höchste einheitliche Form» – eine textgezeugte Form wohlgemerkt – entstehe. Das Leitmotiv ist dabei nicht nur ein architektonischer Faktor, sondern auch ein metaphorischer. Es ist ihm eigen, daß es nicht nur ein äußeres Leben als wahrnehmbare Gestalt führt, sondern daß es auch dann, wenn der Hörer es nicht mehr signalhaft, symbolhaft wahrnehmen kann – etwa in Koppelung mit anderen in musikalisch motivischer Verarbeitung –, seine metaphorische Tendenz behält und damit neben dem materiellen auch einen ideellen Zusammenhang schafft. Ernst Bloch hat daher einmal vom «allwissenden Leitmotiv» sprechen können.

An dieses Prinzip also knüpfte Berg an. Es mußte ihm als Grundlage seiner Opern um so angemessener erscheinen, als die musikdramatischen Aspekte ihre Parallele im Musikalisch-Technischen hatten. War hier das Hauptproblem, wie große Formzusammenhänge zu schaffen seien, so ging es dort darum, *durch Leit- oder, besser gesagt, Erinnerungsmotive, Zusammenhänge und Beziehungen herzustellen und damit wieder Einheitlichkeit zu erreichen* [295]. Die Analogien von Leitmotiv- und Reihentechnik liegen also auf der Hand, und man könnte sich eine Verschmelzung beider theoretisch vorstellen. Ein entsprechender Plan Bergs geht denn auch aus einem Brief an Webern hervor: *Über den Fall eines so langen Werkes wie etwa einer abendfüllenden Oper in der 12 Tontechnik habe ich auch schon nachgedacht: ich stelle mir vor, daß ich dann so viele Reihen aufstellen würde, als ich eben brauchte. Das würde doch keineswegs gegen den Sinn dieser Technik verstoßen. Wenn jede einzelne Reihe (samt ihren verschiedenen Formen) diesem Sinn entsprechend verwendet wird, dann ist ja alles in Ordnung. Aber welche Perspectiven! Ungeheuer! Denk nur, welche Möglichkeiten! Wobei natürlich, glaub ich, eine grundlegende Disposition der Reihen auszudenken wäre.* [296]

Aber auch die Grenzen solcher Möglichkeiten sind evident. Unendliches Reihen-Gewoge, konturloses Hin und Her wäre leicht die Folge; und schon Nietzsche hatte ja nicht ganz ohne Grund gegenüber Wagners «unendlicher Melodie» Bizets «Carmen»-Musik gelobt: «Sie baut, organisiert, wird fertig.» Eine reine Reihenoper klänge leicht monoton, *und Langeweile ist doch das Letzte, was man im Theater empfinden darf* [297].

Die Methode, die Berg dann statt dessen für die *Lulu* wählte, war eine modifizierte Anwendung des Reihenprinzips, indem er es nämlich mit dem leitmotivischen verband. Die *grundlegende Disposition* stellte er dabei insofern auf, als alle Hauptmotive auf die Grundreihe, eine einzige, bezogen sind. Dieser Weg entwickelt konsequent weiter, was im *Wozzeck* bereits angedeutet war. Und wie dort führt Berg auch in der *Lulu* absolut musikalische, das heißt also eigentlich nicht ins Musikdrama gehörende Formen mit ein. In der Synthese dieser Elemente liegt die neue Situation, in die Berg das Musiktheater stellte. Analysiert man seine beiden Opern gründlicher, als wir es hier können, so kommt man zu dem Schluß: Sie enthalten implizite die ganze Ästhetik der modernen Oper und sind bis heute grundlegend. War es ihm zwar *nicht im Traum eingefallen, mit der Komposition des Wozzeck die Kunstform der Oper reformieren zu wollen* [298], so hat er doch nichts Geringeres geleistet, als eben das – nämlich mit ihm und der *Lulu* das Musiktheater auf die nachwagnerisch-straussische Stufe zu führen. Wir wollen das an Hand einiger Beispiele verdeutlichen.

Besonders interessierte ihn der Film und seine Möglichkeiten in Verbindung mit Musik. Auch Schönberg hatte ja 1929/30 seine «Begleitmusik zu einer Lichtspielszene» geschrieben, und Berg hatte ähnliche, offenbar konkrete Pläne. Sein besonderer Wunsch war es, den *Wozzeck* verfilmt zu sehen, weil er in seiner Anlage der Filmtechnik sehr nahe kam. Der Wechsel zwischen seinen einzelnen kompositorischen Formen erinnert ja, wie Pierre Boulez einmal bemerkte, an «harte Schnitte», und man kann diesen Vergleich noch weiterführen: die Behandlung musikalischer Formen und Motive in der Oper, ihre Veränderung, Verbindung mit anderen, Rückläufigkeit – kurz ihre montageartige Verwendung sind ausgesprochen filmische Mittel. Und Berg fühlte *deutlich, daß diese «Tonfilm»-Idee auch für meine «Lulu» – und wahrscheinlich schon in der ganzen musikalischen Konzeption – von ausschlaggebender Bedeutung sein wird* [299]. In der *Lulu* findet sich denn auch als *Verwandlungsmusik* des zweiten Aktes jenes *Ostinato*, das auch als zweiter Satz in die *Symphonischen Stücke* übernommen wurde. Dazu werden laut Regieanweisung *in einem stummen Film die Schicksale Lulus in den nächsten Jahren andeutungsweise gezeigt, wobei das filmische Geschehen, entsprechend dem symmetrischen Verlauf der Musik auch quasi symmetrisch (also vorwärtsgehend und rückläufig) zu verteilen ist, zu welchem Zweck die einander entsprechenden Geschehnisse und Begleiterscheinungen möglichst gegeneinander anzupassen sind.* Den bildlichen Stationenfolgen *Verhaftung Lulus, Untersuchungshaft, Prozeß, Kerker* (dann *ein Jahr Haft*) und rückläufig wieder *Kerker, Konsilium* der Ärzte, *in der Isolierbaracke*, schließlich *Befreiung* entsprechen die musikalischen Abschnitte des Stückes. Innerhalb dieser Entsprechungen legte Berg auch auf die *Kongruenzen ... kleiner und kleinster Art* größten Wert, etwa *Revolver – Stetoskop, Patronen – Phiolen, Ketten – Bandagen, Gefängniskleider – Spitalskittel* usw.

Diese Anweisung ist zwar, schon wegen der Kürze der Musik, nicht recht praktikabel (und wird in praxi meist von plakatartigen Darstellungen der einzelnen Stationen ersetzt), aber sie wirft Licht auf Bergs grundsätzliche musikdramatischen Prinzipien.

Um Mißverständnissen vorzubeugen: Nicht etwa die bloße Anwendung des *Kino* als eines «*zeitgemäßen» Mittels* erzeugt modernes Musiktheater, wie Berg ausdrücklich in dem Aufsatz *Opernproblem* betont.[300] Es geht um die formalen Analogien. Ebensowenig hat seine *Filmmusik* mit üblicher Kinomusik zu tun. Diese läuft zwar auch synchron zum Bild, aber sie hat nur – von wenigen Ausnahmen abgesehen – illustrierende Funktion. Für sie gilt dasselbe, was schon Busoni 1907 an der Oper bemängelte: «Der größte Teil neuerer Theatermusik leidet an dem Fehler, daß sie die Vorgänge, die sich auf der Bühne abspielen, wiederholen will, anstatt ihrer eigentlichen Aufgabe nachzugehen, den Seelenzustand der handelnden Personen während jener Vorgänge zu tragen.»[301] Und Hofmannsthal meinte dasselbe, wenn er anläßlich des «Rosenkavalier» von der Opernmusik forderte, sie solle das begreiflich machen, was «zwischen den Menschen» ist.

Wie kann Musik so etwas, wie macht das Berg?

Indem er die dramatische Handlung von Grund auf bis in ihre psychologischen Nuancen auslotet und von ihr aus eine entsprechende musikalische Lösung sucht. Einige Beispiele dazu, aufs Formale bezogen, konnten wir bereits nennen. Daneben aber bedient sich Berg musikalischer Symbole, ohne die grundsätzlich eine verständliche Kommunikation ausgeschlossen wäre und die alle textbezogen sind: zum Beispiel lautma-

*Ferruccio Busoni,
um 1920*

lende Wirkungen (Donner, Wasserstrudel), sinnfällige Melodiefiguren (Auf- und Absteigen), rhetorische Gesten (Drohen, Selbstgefälligkeit), Entsprechungen wie etwa ein C-Dur-Akkord, um die Banalität des Geldes zu versinnbildlichen, musikalische Typen wie Militärmusik, Wiegenlied, lallender Gesang eines Angetrunkenen usw., volkstümliche Tänze dort, wo sie gefordert sind, aber auch ironisch verfremdet, etwa ein *schwungvoller Walzer*, wenn im *Wozzeck* der Doktor zum Hauptmann makaber konstatiert: *Ja! das sind so ungefähr Ihre Aussichten auf die nächsten vier Wochen!* Vieles mehr ließe sich nennen, aber manche Bildungen entziehen sich in ihrer emotionalen Wirkung der Beschreibbarkeit, etwa wenn Maries Knabe am Schluß des *Wozzeck* in einfachen Quarten sein unbekümmertes, trostloses *Hopp hopp* singt.

Zu einem Punkt allerdings muß man sagen, daß er heute nicht mehr recht überzeugt: die melodramatischen Partien und die verschiedenen Abstufungen des Sprechgesangs. Wenigstens ist es schwer, für die Einführung dieser dramaturgischen Zwitterbildungen eine zwingende Begründung zu finden.

Wichtigste Voraussetzung für eine gute Oper ist ein guter Text. Nicht unbedingt literarisch wertvoll, aber im Sinne musikdramatischer Konstruktion tragfähig muß er sein. Dichterisch hochstehende Texte können leicht hemmend wirken. Die ganze Fülle der Opern nach großen Dramen – Shakespeare und Schiller voran – zeigt, wie das Schauspiel erst um seinen literarischen Reichtum gestutzt und auf ein markantes Handlungsgerüst reduziert werden mußte, um zum guten Libretto zu werden. Selbst bei den besten Originaltexten fürs Musiktheater, bei Hofmannsthal, kann man das Argument kaum entkräften, sie seien als Dichtungen eigentlich viel zu großartig, als daß die Musik über ihre schönsten Feinheiten hätte hinwegkomponiert werden dürfen. Und wenn Wolfgang Fortner heute meint, die Erneuerung der Oper könne nur von einer «Eroberung des Schauspiels durch die Musik» ausgehen, so meldet sich wohl Widerspruch. Im Gegenteil: Nicht die Vertonung von Theaterliteratur, sondern nur neuschöpferisches Denken, das vom Dramaturgischen und Musikalischen gemeinsam ausginge, wird weiterführen. Hier hat Berg den Weg gewiesen.

In wie starkem Maße er sich nicht nur um die großen Fragen, sondern auch um die bühnentechnischen und aufführungspraktischen Aspekte seiner Opern kümmerte, ist schon äußerlich leicht zu belegen. So nutzte er eine zufällige Begegnung 1921 mit *Berthold Viertel (der Dichter und Regisseur vom Dresdner Stadttheater)* und befragte ihn *gleich ausführlich wegen* Büchners *Wozzeck, den er demnächst inszeniert* [302]. Als man – es war übrigens kein Geringerer als Caspar Neher, dessen spätere *Lulu*-Bühnenbilder (Wien 1961) berühmt wurden – 1929 in Essen eine Dekoration entworfen hatte, die Berg *derart verrückt* fand, *daß sie wirklich geeignet ist, den Erfolg ernstlich zu gefährden,* bemerkte er: *Der «Wozzeck» ist eben doch keine 3 Groschen- geschweige eine 2 Groschenoper. Ich versuche natürlich zu mildern (z. Bsp. das Pissoir in der Wirtshausscene zu eliminieren, das ich zu komponieren vergaß), wo ich kann und die Vielfalt der Bilder, die mir vorschwebten, und die Neher ganz zu vertuschen suchte, wieder herzustellen und auch sonst regiemäßig zu retten, was zu retten ist.* [303] Überhaupt galt dem Bühnenbild sein besonderes Interesse, und er erbat sich eine *rechtzeitige Einflußnahme bei allen, die Bühne betreffenden Leistungen (mise en scène, Regie etz)* [304]. Ein wertvolles Dokument dafür, wie exakt sich Berg Figuren und Inszenierung vorstellte, bildet ein Brief mit Hinweisen zur Oldenburger *Wozzeck*-Aufführung 1929, in dem es etwa zur «Predigt» des angetrunkenen Handwerksburschen heißt: *Bitte den Ton dieser Predigt nicht zu übertreiben: sie soll nicht aufreizend wirken (etwa als eine Verspottung der Religion), aber auch nicht als ein Exzeß eines schwer Besoffenen; durch das ganze soll vielmehr ein Zug von Bonhomie gehen.* Wie wenig er an seiner Partitur «klebte», beweist die Bereitschaft, in den Singstimmen Veränderungen vorzunehmen, *wenn es zugunsten anderer – oft wichtigerer – künstlerischer Erfordernisse wünschenswert ist; wenn z. Bsp. einem besonders geeigneten Repräsentanten einer Rolle ein paar tiefe (oder hohe) Töne diese Rolle sonst unmöglich machen würden.* Und schließlich eine aufschlußreiche Passage zur *Wozzeck*-Inszenierung: *Ganz großen Wert lege ich auf die Pausenlosigkeit zwischen den einzelnen Szenen. Lieber das Sze-*

nen-Bild auf das Mindestmaß restringieren als vor einer Verwandlung
im Orchester warten müssen. Dies gilt besonders für die 3. Szene im
letzten Akt, die gar nicht spukhaft genug «angedeutet» werden kann.
Dann wird auch die etwas sehr kurze Verwandlung zum 4. Bild möglich
sein. Ansonsten würde ich auf eine gewisse Realistik in der ganzen Mise-
en-scène schon Wert legen. So vor allem in den Naturbildern (I/2, III/2
und III/5).[305] Berg war also – und es ließe sich noch durch zahlreiche
weitere Zitate belegen – alles andere als ein «Nur-Musiker»; oder soll
man besser sagen: er war eben gerade ein ausgesprochener Opernkom-
ponist? Eine Anekdote über Giuseppe Verdi mag das Gemeinte verdeutlichen: Als dieser bei seiner Ankunft in Florenz als «größter Musiker
unserer Zeit» begrüßt wurde, winkte er ab und antwortete: «Lassen wir
den großen Musiker – ich bin doch bloß ein Theatermann!»

VIOLINKONZERT

Die Vollendung der *Lulu* wurde unterbrochen durch einen Auftrag des
amerikanischen Geigers Louis Krasner, der im Frühjahr 1935 bei Berg ein
Violinkonzert bestellte. Wie schon bei der *Wein-Arie* war diesem die
Störung von außen zunächst lästig, zumal er jetzt während des Sommers
die Oper fertigstellen wollte. Aber die Hoffnung, sich durch die Auftrags-
summe von 1500 Dollar zeitweilig Unabhängigkeit schaffen zu können
– es entfielen ja mittlerweile die Tantiemen aus deutschen Aufführungen,
und Berg war vor allem auf Verlagszuschüsse angewiesen –, gab dann
den Ausschlag.

Ähnlich wie die *Wein-Arie* der Sängerin «auf den Leib geschrieben»
war, entstand auch das *Violinkonzert* in ständiger Verbindung mit dem
Auftraggeber. Schon kurz nach Vertragsabschluß im Februar ließ sich
Berg von Krasner spezielle Raffinessen der Violintechnik vorführen, mit
der er sich ja schon anläßlich der Quartette und des *Kammerkonzerts*
grundsätzlich auseinandergesetzt hatte, und begann mit den Skizzen.

Berg war sich aber lange nicht über die äußere und innere Gestalt des
Werkes schlüssig. Selbstverständlich sollte es eine Zwölftonkomposition
werden; aber mit diesem Vorsatz war noch nichts gewonnen.

Zu Ostern, am 22. April 1935, starb die achtzehnjährige Manon Gropius, Tochter Alma Mahler-Werfels aus ihrer zweiten Ehe mit dem Architekten Walter Gropius. Wie Alban und Helene Berg schon zu Franz
Werfel, stärker noch zu seiner Frau und deren Tochter aus der Ehe mit
Mahler, der Bildhauerin Anna Mahler, seit langem freundschaftliche Beziehungen hatten, so liebten sie besonders dieses Mädchen. Die Fotos lassen
ahnen, was von ihr ausstrahlte, und alle, die sie kannten, berichten davon:
von ihrer Schönheit und Heiterkeit, ihrem zauberhaften Wesen und der
Engelsgeduld, mit der die angehende Schauspielerin ihre einjährige böse
Krankheit, Kinderlähmung, trug. Manons Tod hat Berg zutiefst erschüt-

tert, und er brachte ihn zu dem Wunsch, dem wunderbaren Mädchen ein Denkmal zu setzen. Das *Violinkonzert* kam nun, von dieser Idee inspiriert, schnell voran. Es ist *dem Andenken eines Engels* gewidmet.

Man hat vielfach die Parallele zu anderen Spätwerken gezogen, besonders zu Mozarts Requiem: beide Male ein Auftrag, beide Male Musik zur Ehre eines Toten, beide Male schließlich das letzte Werk, das «eigene Requiem». Über den romantischen Aspekt dieser Parallele hinaus, der die Nachwelt natürlich besonders beschäftigt und der auch faszinierend ist, weil man ihn gewissermaßen in der Abgeklärtheit der Musik bestätigt findet, in ihrem Weg «durch Dunkel zum Licht», ihrer allmählichen Lösung von irdischer Schwere und ihrer Endhaltung eines «Schon darüber hinaus» – abgesehen davon also zur Zeit der Komposition bei Berg erste Ahnungen des eigenen nahen Todes – *ich muß, ich habe nicht mehr lange Zeit*, sagte er etwa zu seiner Frau –, die im Herbst noch zunahmen.

Ob es dieses Gefühl war, das Berg zur Eile drängte, oder ob er ganz

Franz Werfel, Alma Mahler-Werfel und Manon Gropius in Venedig

schlicht den Auftrag Krasners während einer sommerlichen «Komponiersaison» erfüllen wollte, um endlich, nach sieben Jahren, die *Lulu* fertigstellen zu können (für beide Vermutungen sprechen gute Gründe), bleibt ungeklärt. Fest steht, daß das *Violinkonzert* in ungewöhnlich kurzer Zeit beendet wurde. Am 16. Juli bereits kann Berg Krasner mitteilen, er *habe gestern die Komposition . . . beendet. Ich bin darüber noch mehr erstaunt als Sie es vielleicht sein werden. Ich war allerdings so fleißig, wie noch nie in meinem Leben und dazu kam, daß mir die Arbeit immer mehr Freude machte. Ich hoffe, ja ich glaube es zuversichtlich, daß mir dieses Werk gelungen ist.*[306]

126

Manon Gropius, fotografiert von Alma Mahler-Werfel

Die kurze Entstehungszeit drückt sich insofern in der Partitur aus, als sie, alles andere als simpel, doch die unkomplizierteste, klarste und «eingängigste» ist, die Berg geschrieben hat. Formale Beziehungen im Großen, charakteristische Bildungen im Kleinen sind hier so faßlich, daß sie sich vielfach schon beim bloßen Hören erschließen. Auch harmonisch hat Berg manche Brücke zu leichterer Sinnfälligkeit, zu ausgesprochener Sinnlichkeit gelegt. Dazu kommt als einleuchtende Idee der – das Wort recht verstanden – programmatische Gedankengang von Leben, Todeskampf und Verklärung eines engelgleichen Menschen. Dies alles zusammen verschaffte dem Werk eine Beliebtheit wie keinem anderen der Wiener Schu-

le, ja wie wenigen des 20. Jahrhunderts überhaupt. Und in Umkehrung eines Wortes von Rilke darf man getrost sagen, daß der Ruhm dieses Konzerts nicht wie sonst so oft «die Summe aller Vorurteile, aller Mißverständnisse, die sich um einen Namen sammeln» ist, sondern daß seine vielbewunderte Schönheit ganz dem entspricht, was Berg gewollt hat.

Die zwei Teile des Konzerts lassen sich zunächst außermusikalisch interpretieren: Im ersten hat Berg *Wesenszüge des jungen Mädchens in musikalische Charaktere zu übersetzen versucht* [307], im zweiten gestaltet er die einbrechende Katastrophe und die Erlösung aus ihr.

Als Grundmaterial verwendet er dabei drei Elemente, nämlich 1. eine Zwölftonreihe, die aus acht Terzsteigungen und einer Ganztonfolge besteht, dergestalt, daß sich ohne Umstellungen die Dreiklänge von g-moll, D-Dur, a-moll und E-Dur (also Akkorde auf den leeren Saiten der Geige) und vier aufsteigende Ganztöne ergeben. Dieses Prinzip, traditionelles Material mit dem Zwölftondenken zu verschmelzen, begegnete uns schon mehrmals. Hier ist es in seiner extremen Form ausgeprägt:

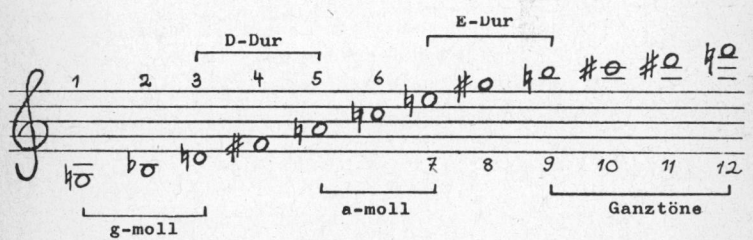

2. Eine Liedmelodie, nämlich die Kärntner Volksweise «Ein Vogerl auf'm Zwetschgenbaum» [308] mit dazugehörigem Jodler-Überschlag, 3. einen Choral (Text von Franz Joachim Burmeister, Melodie von Johann Rudolph Ahle, 1662) im Satz von Johann Sebastian Bach aus dessen Kantate Nr. 60 «O Ewigkeit du Donnerwort» (1723). Den beziehungsvollen Text hat Berg in der Partitur unter den Choralzitaten eingetragen:

> Es ist genug!
> Herr, wenn es Dir gefällt,
> So spanne mich doch aus!
> Mein Jesus kömmt:
> Nun gute Nacht, o Welt!
> Ich fahr' in's Himmelshaus.
> Ich fahre sicher hin mit Frieden,
> Mein großer Jammer bleibt darnieden.
> Es ist genug. Es ist genug.

Berg fand die Choralidee, wie Willi Reich berichtet, erst während der Arbeit. Dabei ergab sich eine erstaunliche Konkordanz: *Die ersten vier Töne des Chorals (eine Ganztonfolge) entsprechen genau den letzten vier Tönen der Zwölftonreihe, mit der ich das ganze Konzert baue.*[309]

Es gibt umfangreiche und ausgezeichnete analytische Literatur zum *Violinkonzert*. Wer die große Anstrengung nicht scheut, sollte parallel zum Studium der Partitur die 30 Seiten lesen, die Adorno dem Stück widmet[310] und die eine Fülle an Anregungen und Erkenntnissen vermitteln.

Wir können hier nur einige wenige Gesichtspunkte herausheben. Zunächst zur Form: Der erste Teil des Konzerts beginnt mit einer zehntaktigen *Introduction*, einer «Einstimmung», in der wechselnd von Klarinetten (mit Harfe) und Solovioline der «Ton angeschlagen» wird. Es gibt in neuerer Musik wenig Zarteres und «Luftigeres» als diese zehn Takte; das zeigt sich schon im Satzbild und in den weiten auf- und absteigenden Intervallen. Berühmt ist der Anfang der Geige auf den vier leeren Saiten, die ja gewissermaßen das Tongerüst der Zwölftonreihe bilden. Diese wird erst quasi gebildet, von der Geige «erarbeitet», oder besser «erfunden», und zu Beginn des *Andante* vorgestellt.

Dieses *Andante* bildet eine dreiteilige Folge einzelner, jeweils auf die Reihe aufbauender Abschnitte. Man kann, wenn man die Partitur studiert, einige Prinzipien von Bergs Stil deutlich erkennen, etwa das der «entwickelnden Variation», wenn nämlich abschnittweise (Takt 38, 47, 54, 63) die Bewegungsimpulse der Solostimme gesteigert werden (Achteltriole, Sechzehntel, Aufnahme des ersten Motivs in Sechzehnteln, Sechzehnteltriole). Ohne Pause geht es über ins *Allegretto*, formal ein Ländlerscherzo mit zwei Trios, in sich wiederum dreiteilig gebaut. Die zugrunde liegenden Tanzmotive sind ebenfalls aus der Reihe gebildet. Wie Berg dabei verfährt, wie er vom Zwölftonprinzip ausgeht, es aber völlig undogmatisch handhabt und sich letztlich nur von seinen eigenen klanglichen Vorstellungen leiten läßt, wie er dabei ein am volkstümlichen Ländler inspiriertes und zugleich höchst stilisiertes Resultat schafft – das zeigt etwa der Anfang des Allegretto. Die Zahlen bezeichnen die Töne der Grundreihe (wie im Notenbeispiel S. 129), die hier eine Quint höher, also auf d beginnend, transponiert ist:

Dabei sei auch auf ein metrisches Kunstmittel aufmerksam gemacht: Der Ländler, ein Vorläufer des Walzers, steht im Dreiertakt, in unserem Fall in 6/8. Dem entspricht die Dreiachtelbewegung der Begleitung. Die Melodiegruppe dagegen folgt einem implizierten Gleichtakt, nämlich 2/8 (das rhythmische Modell ist übrigens mit dem Anfang von Mozarts «Kleiner Nachtmusik» identisch). Somit entsteht eine metrische Überlappung. Der Satz verschließt sich also schon in seinem Anfang einem einseitigen Tanzschema und bleibt für heterogene metrische Bildungen offen. All den sich hieran anknüpfenden Fragestellungen – Verhältnis der Glieder zueinander, periodische Verschränkung, rhythmische Proportionen usw. – können wir leider nicht einmal im kleinsten Rahmen nachgehen. Es sind, soviel sei wenigstens angedeutet, immer mehrere Schichten gegenwärtig, von denen bald die eine, bald die andere vorscheint. Im ganzen bildet sich ein eigener Ton heraus, und dieser ist der heiter-rustikale Ländlerton. Er wird uns allerdings nicht eindeutig und unantastbar präsentiert, sondern er bildet sich aus heterogenen Schwingungen und Facetten. Das Verfahren ließe sich jenen Collagebildern Picassos oder Braques vergleichen, die, aus verschiedenen Teilen wie Zeitungspapier, Stoff usw. zusammengesetzt, ein «Stilleben mit Gitarre» ergeben.

In die stilisierte, künstlich heraufbeschworene Sphäre der heiteren Ländlerwelt tritt nun noch – gleichsam als Bestätigung der Kunstmusik durch die Musikwirklichkeit – die Kärntner Melodie. Sie klingt herüber *come una pastorale* im Horn und wird von der Sologeige mit einem Jodler zunächst begleitet, dann aufgenommen. Hier, in der nun stattfindenden Verschmelzung von realer Volksmusik mit dem rational gesteuerten Material, wobei eines das andere aufsaugt und sich gegenseitig ergänzt – hier kommt die Musik Bergs ihrem Ausgangspunkt und ihrem Ziel zugleich, der Welt Gustav Mahlers, am nächsten.

Der zweite Teil des Konzerts bringt zunächst ein *Allegro* in Sonatenform, in dessen Verlauf ein punktierter Rhythmus – wie wir es ja bei Berg schon kennen – eine entscheidende Rolle spielt. Er ist thematisch und bezeichnet innerhalb der Idee dieses Satzes schicksalhaften Einbruch, Drohung und Aufbäumen zugleich, das immer gewaltiger bis zum eigens bezeichneten *Höhepunkt* (Takt 125) gesteigert wird. Wenigstens auf einen Bereich, der größere Aufmerksamkeit verdiente, sei an dieser Stelle hingewiesen: Wie die oben erwähnten rhythmisch-metrischen Bildungen unterliegen auch die klanglichen Proportionierungen einer genauen Kontrolle. Verhältnis zwischen Solo und Orchester, Regie der Instrumentalfarben, Abstufung von Detail und Fläche lauten die Stichworte. Nur ein Beispiel: das stufenweise auskomponierte Crescendo und Diminuendo, wenn (Takt 170 ff und analoge Stellen) der Solist die Führung über die Violinen und Bratschen übernimmt und diese ihm, einzeln dazutretend, in seiner Stimme folgen, nach dem *Höhepunkt* wieder sukzessive aufhören und die Solovioline allein übriglassen.

Danach bringt das *Adagio* die Erlösung. Hier setzt der Choral *Es ist genug* ein, alternierend von Sologeige und Klarinetten (die überhaupt

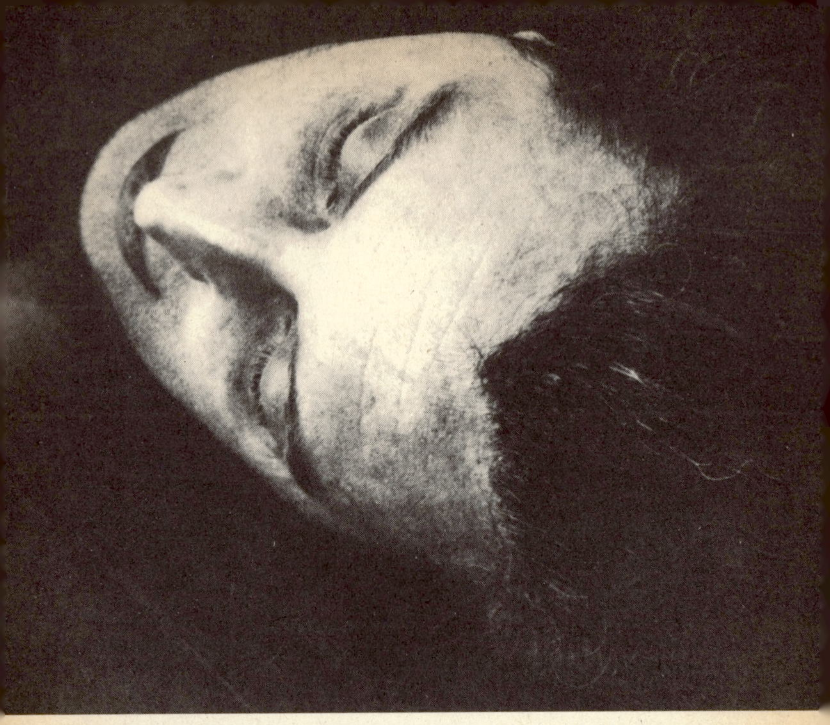

Auf dem Totenbett, 24. Dezember 1935

Die Totenmaske, abgenommen von Anna Mahler

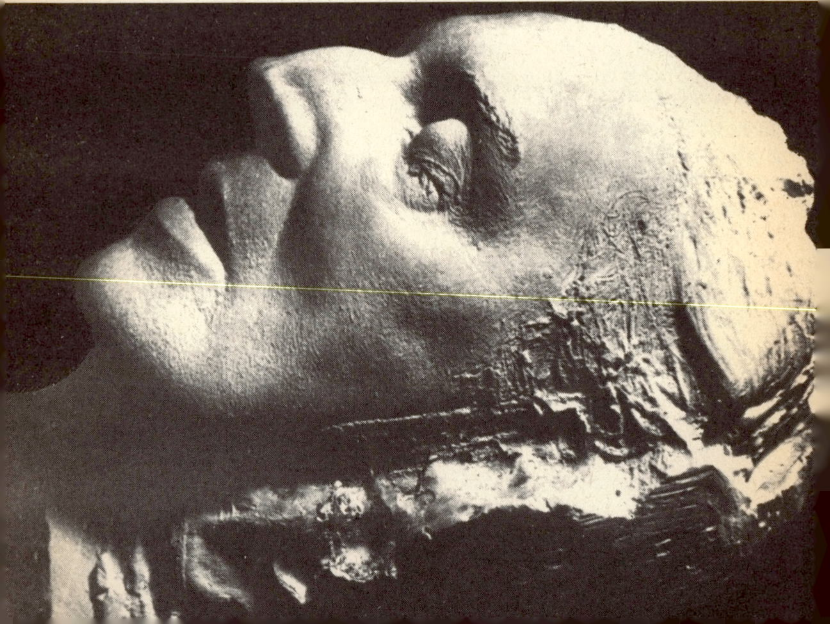

im ganzen Konzert, siehe schon den Anfang, geschwisterlich mit dem Solisten verbunden werden), zunächst im Originalsatz von Bach. Dieser Satz ist selbst schon chromatisch reich und ungewöhnlich durch seinen ganztönigen Anfang, der sofort moduliert. Berg transponiert ihn aus Bachs originalem A-Dur nach B-Dur, was der mehrfach (etwa Anfang des ersten Satzes g-moll, Kärntner Volksweise Ges-Dur) intendierten B-Tonalität entspricht. Dazu treten schattenhaft auf- und absteigende Ganztonfolgen, die nicht nur als Verfremdung des harmonischen Satzes, sondern in ihrer Beziehung auf den Textanfang *Es ist genug* wie Seufzer – und Trost zugleich – scheinen. Die emotionale Wirkung dieser Stelle bleibt unbeschreibbar.

Im folgenden werden nun Choral, Zwölftonreihe und Kärntner Melodie – *wie aus der Ferne (aber viel langsamer als das erste mal)* – miteinander verknüpft. Das Bild jenes *Engels*, dessen die Musik gedenken will, wird noch einmal in seinen musikalischen Motiven beschworen und schließlich aufwärtsschwebend verklärt. Daß dabei nichts hineingedeutet werden muß, sondern daß ideelle Imagination und musikalische Analyse identisch sind, ist die eigentliche Meisterschaft dieses Konzerts.

Berg hat sein letztes Werk nicht mehr gehört. Die Termine für Proben und Aufführung innerhalb des Musikfestes in Barcelona 1936 waren schon vorgemerkt, wo es dann postum am 19. April zum erstenmal erklang.

Im August 1935 – Berg hatte sich endlich wieder mit voller Kraft seiner Oper zugewendet – bekam er einen *Insektenstich genau auf den unteren Teil des Rückgrats* [311], der sich schlimm entzündete. *Mein Karbunkel quält mich ungeheuer. Das dürfte nach Auskunft des Arztes, den ich nun doch heranziehen mußte, Wochen dauern! «Das mein Lebensabend! Die Pest im Haus!» stöhne ich mit Dr. Schön und instrumentiere eben – mit Aufbietung aller Willenskräfte diese Partie der «Lulu».* [312]

Es entwickelte sich ein Abszeß, der zwar chirurgisch behandelt wurde und auch scheinbar heilte. Aber – als Folge davon oder nach einer weiteren Entzündung – im Dezember erkrankte Alban Berg an einer Blutvergiftung. Eine Bluttransfusion wurde vorgenommen, und Bergs Reaktion ist bezeichnend: er ließ es sich nicht nehmen, dem Blutspender persönlich zu danken. Als dieser, ein junger Wiener Mann, gegangen war, kommentierte Berg: *Wenn jetzt nur kein Operettenkomponist aus mir wird!* [313] Helene Berg, die treue Gefährtin, war ständig bei ihm. Bis zum Schluß kreisten seine Gedanken um die Vollendung der *Lulu*. Am 24. Dezember 1935 starb Alban Berg.

ANMERKUNGEN

Folgende Bücher werden abgekürzt zitiert:

Adorno = Theodor W. Adorno: «Berg. Der Meister des kleinsten Übergangs». Wien 1968

Briefe = «Alban Berg. Briefe an seine Frau». München–Wien 1965

Rauchhaupt = Schoenberg, Berg, Webern. Die Streichquartette. Eine Dokumentation, hg. von Ursula von Rauchhaupt. Hamburg 1971

Redlich = Hans Ferdinand Redlich: «Alban Berg. Versuch einer Würdigung». Wien–Zürich–London 1957

Reich 1937 = Willi Reich: «Alban Berg. Mit Bergs eigenen Schriften und Beiträgen von Theodor Wiesengrund-Adorno und Ernst Křenek». Wien–Leipzig–Zürich 1937

Reich 1959 = «Alban Berg. Bildnis im Wort. Selbstzeugnisse und Aussagen der Freunde». Hg. von Willi Reich. Zürich 1959

Reich 1963 = Willi Reich: «Alban Berg. Leben und Werk». Zürich 1963

Schönberg Briefe = «Arnold Schönberg: Briefe». Hg. von Erwin Stein. Mainz 1958

Berg an Webern bzw. Webern an Berg = Unpublizierter Briefwechsel Berg–Webern nach der Maschinenkopie der UE, mit Anmerkungen von Josef Polnauer (zit. nach der durchlaufenden Numerierung)

Brief an UE = Unpublizierte Briefe Bergs an seinen Verlag. Archiv der Universal-Edition

1 Schönberg Briefe, S. 104
2 Ernst Bloch: «Geist der Utopie». Frankfurt a. M. 1964. S. 54–55
3 Reich 1963, S. 60
4 Briefe, S. 269
5 Reich 1937, S. 12
6 Redlich, S. 159–160
7 Berg an Webern Nr. 134 (August 1912)
8 Berg an Webern Nr. 544 (22. Juni 1931)
9 Vgl. Reich 1963, S.109
10 Willi Reich: «Alban Berg. Mit Bergs eigenen Schriften und Beiträgen von Theodor Wiesengrund-Adorno und Ernst Křenek». Wien–Leipzig–Zürich 1937
11 «Alban Berg. Bildnis im Wort. Selbstzeugnisse und Aussagen der Freunde». Hg. von Willi Reich. Zürich 1959
12 Willi Reich: «Alban Berg. Leben und Werk». Zürich 1963
13 Hans Ferdinand Redlich: «Alban Berg. Versuch einer Würdigung». Wien–Zürich–London 1957
14 Theodor W. Adorno: «Alban Berg. Der Meister des kleinsten Übergangs». Wien 1968
15 «Arnold Schönberg: Briefe». Hg. von Erwin Stein. Mainz 1958
16 «Erinnerung an den Lebenden» (unter dem Pseudonym Hektor Rottweiler). In: «23 – Eine Wiener Musikzeitschrift» Nr. 24/25, 1. Februar 1936 (Berg-Gedenkheft), S. 22

17 «Arnold Schönberg, Gurrelieder. Führer von Alban Berg». Leipzig–Wien 1913. S. 17

18 «Die Musikforschung» XXVI/1973, S. 357. Eine Ahnentafel findet sich als Anhang zu Konrad Vogelsang: «Alban Berg». Berlin–Wunsiedel 1959 (Hesses Kleine Bücherei. 5)

19 Reich 1959, S. 8

20 Briefe, S. 358

21 Briefe, S. 168

22 Briefe, S. 48

23 Redlich, S. 292

24 Reich 1963, S. 16

25 Briefe, S. 27

26 Redlich, S. 88

27 Reich 1963, S. 16

28 Mitteilung von Frau Helene Berg. Redlich (S. 330–332) nennt 70; Reich 1963 (S. 101) 90 Lieder.

29 Redlich, S. 288

30 Reich 1963, S. 15

31 Briefe, S. 9

32 Reich 1963, S. 16

33 Reich 1963, S. 17

34 Reich 1963, S. 16

35 Reich 1963, S. 27

36 «Arnold Schönberg zum 50. Geburtstage, 13. September 1924». [Sonderheft:] «Musikblätter des Anbruch». Wien 1924. S. 313

37 Willi Reich: «Schönberg oder Der konservative Revolutionär». Wien–Frankfurt a. M.–Zürich 1968. S. 42–43

38 Schönberg Briefe, S. 17–18

39 Vgl. Anm. 27

40 Stefan Zweig: «Die Dramen». Frankfurt a. M. 1964. Geleitwort, S. 5

41 Mitteilung von Frau Helene Berg. Reich (1963, S. 33) berichtet von einer weiteren Begegnung. – Das Wort Mahlers: «Wenn Sie komponieren wollen, gehen Sie nicht zum Theater», wird auch von Webern (der Mahler näher kannte) öfter in seinen Briefen an Berg zitiert. Vielleicht hat Mahler es zu allen damals versammelten jungen Musikern gesagt.

42 Webern an Berg Nr. 11 (18. Januar 1911)

43 Berg an Webern Nr. 155 (Christtag 1912)

44 Brief im Besitz der Universal-Edition, Wien. Bergs Abschrift des Mahler-Briefs enthält einige orthographische Abweichungen. Er wurde nach dem Original im Besitz von Frau Helene Berg wiedergegeben.

45 Briefe, S. 227

46 Briefe, S. 483

47 Ebd.

48 Berg an Webern Nr. 74 (1912)

49 Webern an Berg Nr. 132 (27. August 1912)

50 Schönberg Briefe, S. 49

51 Reich 1959, S. 12

52 Reich 1963, S. 27

53 Redlich, S. 332; auch Reich 1959, S. 12

54 Briefe, S. 58

55 Briefe, S. 253

56 Briefe, S. 54

57 Reich 1963, S. 25–26

58 Reich 1937, S. 9

59 Redlich, S. 355 (Anm. 47)

60 Reich 1937, S. 38

61 Reich 1937, S. 24

62 Briefe, S. 268

63 Vgl. Igor Strawinsky: «Musikalische Poetik». In: «Leben und Werk – von ihm selbst». Zürich–Mainz 1957. S. 188; «Gespräche mit Robert Craft». Mainz 1961. S. 21, 96

64 Redlich, S. 315

65 Theodor W. Adorno: «Philosophie der neuen Musik» (1948). 1. Aufl. Tübingen 1949; 3. Aufl. Frankfurt a. M. 1958

66 Berg an Webern Nr. 4 (Juni 1910)

67 1. Aufl. Leipzig–Wien 1911. S. 469

68 Reich 1937, S. 29

69 Redlich, S. 317

70 Laokoon XXVI

71 Berg an Webern Nr. 9 (vor Weihnachten 1910)

72 Eberhard Freitag: «Arnold Schönberg». Reinbek 1973 (rowohlts monographien. 202). S. 98

73 Webern an Berg Nr. 194 (3. September 1914)

74 Webern an Berg Nr. 18 (4. August 1911)

75 Berg an Webern Nr. 218 (13. Juni 1915)

76 Berg an Webern Nr. 85 (14. Februar 1912)

77 Berg an Webern Nr. 218 (13. Juni 1915)

78 Webern an Berg Nr. 132 (27. August 1912)

79 Briefe, S. 494

80 Briefe, S. 505

81 Briefe, S. 540

82 Briefe, S. 134

83 Rauchhaupt, S. 103

84 Rauchhaupt, S. 101

85 Redlich, S. 288

86 Briefe, S. 373

87 Briefe, S. 66

88 Berg an Webern Nr. 111 (März/April 1912)

89 Briefe, S. 295

90 Briefe, S. 570

91 Berg an Webern Nr. 511 (20. September 1929)

92 Briefe, S. 110

93 Briefe, S. 91

94 Briefe, S. 65

95 Reich 1937, S. 8

96 Brief an UE (28. November 1920)

97 Briefe, S. 455
98 Briefe, S. 34
99 Briefe, S. 90
100 Briefe, S. 28
101 Briefe, S. 110
102 Briefe, S. 57
103 Briefe, S. 115
104 Briefe, S. 179
105 Reich 1963, S. 33
106 Briefe, S. 148
107 Briefe, S. 103
108 Briefe, S. 111
109 Briefe, S. 9
110 Briefe, S. 133
111 Briefe, S. 55
112 Briefe, S. 124
113 Ebd.
114 Briefe, S. 58
115 Briefe, S. 129–130
116 Briefe, S. 119
117 Briefe, S. 142
118 Briefe, S. 120
119 Briefe, S. 34
120 Briefe, S. 160–172
121 Briefe, S. 285
122 Briefe, S. 92
123 Briefe, S. 118
124 Briefe, S. 629
125 Briefe, S. 581
126 Briefe, S. 151
127 Briefe, S. 162
128 Berg an Webern Nr. 264 (25. Januar 1920)
129 Briefe, S. 424
130 Briefe, S. 423
131 Rauchhaupt, S. 175
132 Reich 1937, S. 35
133 Briefe, S. 144
134 Brief an Erwin Schulhoff (19. Juni 1919). In: «Miscellanea musicologica» 18, Prag 1965, S. 41
135 Ebd. (24. Februar 1921), S. 63
136 Vorwort der Partitur zu Weberns op. 9 (1924)
137 Briefe, S. 254
138 Reich 1937, S. 47
139 Wie Anm. 134 (16. Dezember 1920), S. 60; vgl. a. Redlich, S. 71
140 «Begegnungen mit Eduard Erdmann». Ges. und hg. von Christof Bitter und Manfred Schlösser. Darmstadt 1968. S. 284–285
141 Brief (17. November 1935). Besitz Prof. Hans Swarowsky, Wien
142 Briefe, S. 522

143 Rauchhaupt, S. 89
144 Briefe, S. 364
145 Reich 1963, S. 44
146 Wie Anm. 134 (24. Februar 1921), S. 64
147 Redlich, S. 78
148 Reich 1963, S. 38–39
149 Redlich, S. 357
150 Briefe, S. 254
151 Reich 1937, S. 45
152 Rudolf Stephan: «Neue Musik». Göttingen 1958. S. 39–42
153 Reich 1937, S. 45
154 Redlich, S. 90
155 Briefe, S. 258
156 Briefe, S. 257
157 Briefe, S. 258
158 Reich 1937, S. 62
159 Adorno, S. 29
160 Briefe, S. 516
161 Wie Anm. 134 (1. November 1920), S. 72
162 Redlich, S. 92
163 Ebd.
164 Briefe, S. 253–254
165 Redlich, S. 93
166 Redlich, S. 360
167 Reich 1937, S. 57–58; Adorno, S. 85–86
168 Redlich, S. 92
169 Webern an Berg Nr. 195 (4. September 1914)
170 Briefe, S. 281
171 Briefe, S. 282
172 Briefe, S. 271
173 Briefe, S. 262
174 Briefe, S. 263
175 Briefe, S. 293
176 Ebd.
177 Wie Anm. 134 (27. November 1919), S. 53
178 Briefe, S. 306
179 Briefe, S. 394
180 Wie Anm. 134 (27. November 1919), S. 53
181 Briefe, S. 326
182 Berg an Webern Nr. 218 (13. Juni 1915)
183 Briefe, S. 358
184 Wie Anm. 134 (27. November 1919), S. 53
185 Vgl. Kurt Blaukopf: «Autobiographische Elemente in Alban Bergs ‹Wozzeck›». In: «Österreichische Musikzeitschrift» 1954, S. 155–158
186 Berg an Webern Nr. 244 (19. August 1918)
187 Gerd Ploebsch: «Alban Bergs ‹Wozzeck›. Dramaturgie und musikalischer Aufbau». Straßburg–Baden-Baden 1968. S. 10
188 Berg an Webern Nr. 244 (19. August 1918)

189 Brief an UE (29. April 1922)
190 Redlich, S. 316
191 Redlich, S. 313
192 Redlich, S. 319–320
193 Redlich, S. 320
194 Redlich, S. 321
195 Briefe, S. 461
196 Briefe, S. 456, 550
197 Redlich, S. 322
198 Ebd.
199 Reich 1963, S. 41
200 Redlich, S. 314
201 Redlich, S. 315
202 Redlich, S. 323
203 Briefe, S. 10
204 Briefe, S. 487
205 Berg an Webern Nr. 244 (19. August 1918)
206 Ebd.
207 Karte an Familienangehörige aus Prag (9. November 1926). Besitz Prof.
    Hans Swarowsky, Wien
208 Brief an Clemens Krauss (11. September 1929); Durchschrift im Archiv der
    UE
209 Briefe, S. 551
210 Brief an UE (28. Dezember 1921)
211 Berg an Webern Nr. 354 (17. Juni 1924)
212 Webern an Berg Nr. 379 (Weihnachten 1924)
213 Reich 1963, S. 54
214 Briefe, S. 542
215 Ebd.
216 Briefe, S. 547
217 Briefe, S. 553
218 Brief an seinen Schüler Gottfried Kassowitz. In: «Österreichische Musik-
    zeitung» 1968, S. 329
219 Briefe, S. 592
220 Vorwort zur Taschenpartitur (5. Aufl.)
221 Redlich, S. 159
222 «Pult und Taktstock» 1925; Nachdrucke bei Reich 1937, S. 86–91, Reich
    1963, S. 135–140
223 Wie Anm. 37, S. 45
224 Briefe, S. 134
225 Berg an Webern Nr. 311 (28. Juli 1922)
226 Stephan, a. a. O., S. 45
227 Ferruccio Busoni: «Entwurf einer neuen Ästhetik der Tonkunst». Hamburg
    1973. S. 30
228 Wie Anm. 140, S. 263
229 Ebenso S. 268
230 *Zwei Lieder*. Neue Ausgabe, UE 1960, Appendix S. 8
231 Zur Datierung vgl. Willi Reich: «Eine sonderbare Alban-Berg-Veröffentli-

chung». In: «Schweizerische Musikzeitung» 1955, S. 507–508

232 Wie Anm. 230, S. 8

233 Ebenso S. 7

234 Ebd. (Es gibt – das hat man festgestellt – 3856 Allintervallreihen.)

235 Stephan, a. a. O., S. 48

236 Brief an den Vater (28. Dezember 1782)

237 Rauchhaupt, S. 91–104

238 Vgl. Rauchhaupt, S. 105

239 Ebd.

240 Ebd.

241 Rauchhaupt, S. 92

242 Rauchhaupt, S. 113

243 Vogelsang, a. a. O., S. 41 (s. Anm. 18)

244 Redlich, S. 202

245 Brief an UE (23. Juli 1929)

246 Redlich, S. 203

247 Hans W. Heinsheimer: «Schönste Grüße an Aida. Ein Leben nach Noten». München 1969. S. 58

248 Brief an Karel Boleslav Jirák (18. Oktober 1935). In: «Melos» 1966, S. 114

249 Schönberg Briefe, S. 170

250 Redlich, S. 291

251 Brief an UE (1. September 1930)

252 Brief an UE (23. September 1929)

253 Heinsheimer, a. a. O., S. 55–73

254 Ebd., S. 55

255 Briefe, S. 156

256 Briefe, S. 259

257 Hans Ferdinand Redlich: «Unveröffentlichte Briefe Alban Bergs an Arnold Schönberg». In: «Festschrift Friedrich Blume zum 70. Geburtstag». Kassel 1963. S. 274

258 Briefe, S. 623

259 Brief an UE (20. August 1935)

260 Brief an UE (1. Februar 1925)

261 Brief an UE (6. Oktober 1912)

262 Briefe, S. 507

263 Brief an UE (Charwoche 1934)

264 Briefe, S. 632

265 Brief an UE (21. Juni 1934)

266 Schönberg Briefe, S. 164

267 Archiv der UE

268 Briefe, S. 640

269 Briefe, S. 572

270 Briefe, S. 638

271 Berg an Webern Nr. 592 (6. Juli 1933)

272 Briefe, S. 609

273 Briefe, S. 616

274 Briefe, S. 626–627

275 Brief an UE (8. Oktober 1935)

276 Brief an UE (9. Februar 1934)

277 Brief an UE; das zitierte Schreiben Swarowskys vom 8. Mai 1934

278 Reich 1963, S. 52

279 Brief an UE (12. Dezember 1928)

280 Briefe, S. 427

281 Berg an Webern Nr. 266 (16. März 1920)

282 Arnold Schönberg: «Schöpferische Konfessionen». Hg. von Willi Reich. Zürich 1964. S. 21

283 Reich 1959, S. 74

284 Willi Reich: «Persönliches von Alban Berg». In: «Österreichische Musikzeitschrift» (Sonderband «Die Wiener Schule»), Wien 1961, S. 17

285 Ebd.

286 Brief an UE (16. Juli 1931)

287 Abgedruckt in Karl Kraus: «Literatur und Lüge» (= Werke Bd. 6). München 1958. S. 9–21

288 Reich 1963, S. 21

289 Redlich, S. 217

290 Briefe, S. 641

291 Brief an UE (28. Juni 1934)

292 Briefe an UE (8. und 16. Juni 1934)

293 Anweisung im Aufführungsmaterial der Universal-Edition

294 Adorno, S. 138–139

295 Redlich, S. 318

296 Berg an Webern Nr. 490 (27. Juni 1928)

297 Reich 1963, S. 61

298 Reich 1963, S. 59

299 Brief an UE (26. Juni 1929)

300 Reich 1963, S. 59

301 Busoni, a. a. O., S. 19

302 Briefe, S. 473

303 Brief an UE (11. Dezember 1929)

304 Brief an UE (14. Juni 1929)

305 Brief an UE (Weihnachten 1928)

306 Brief an Louis Krasner (16. Juli 1935)

307 Reich 1937, S. 127

308 Vgl. Herwig Knaus: «Die Kärntner Volksweise aus Alban Bergs Violinkonzert». In: «Musikerziehung», Wien 1969/70, S. 117–118

309 Reich, a. a. O., S. 21

310 Theodor W. Adorno: «Der getreue Korrepetitor. Lehrschriften zur musikalischen Praxis». Frankfurt a. M. 1963. S. 187–216

311 Reich 1963, S. 94

312 Brief an UE (21. August 1935)

313 Reich 1963, S. 96

ZEITTAFEL

1885	Alban Maria Johannes Berg wird am 9. Februar als Sohn des Buchhändlers Conrad Berg und seiner Frau Johanna, geb. Braun, geboren. Jugend in Wien (Hietzing) und auf dem Familiengut «Berghof» am Ossiacher See. Künstlerische Anregungen innerhalb der Familie. Literatur, Musik, bildende Kunst und Theater stehen gleichermaßen im Blickpunkt des Knaben
1900	Stärkere Hinwendung zur Musik. Erste Kompositionsversuche (Lieder).
	30. März: Tod des Vaters.
	23. Juli: Erster Asthmaanfall, Beginn eines lebenslangen Leidens (die Zahl 23 wird für den abergläubischen Berg zur «Schicksalszahl»)
1903	Alban fällt durch die Reifeprüfung (Juni). Liebeskummer. Seine verzweifelte seelische Verfassung führt zu einem Selbstmordversuch (September)
1904	Er besteht die Matura.
	Unbesoldeter Rechnungspraktikant in der Niederösterreichischen Statthalterei. Besuch von Vorlesungen in Jura und Musikgeschichte.
	Herbst: Beginn des Studiums bei Arnold Schönberg (wegen Bergs finanzieller Lage zunächst, bis 1906, kostenlos).
	Beginn der Freundschaft mit Webern.
	Die Zahl der Lieder wächst bis 1908 auf ca. 140
1905	29. Mai: Aufführung von Frank Wedekinds «Büchse der Pandora» unter Leitung von Karl Kraus.
	Begeisterung für Gustav Mahler und Richard Strauss
1906	Nach einer Familienerbschaft kann Berg die verhaßte Beamtentätigkeit aufgeben, muß sich aber nun der Verwaltung des Familienbesitzes widmen.
	Erste Begegnung mit Helene Nahowski
1907	1. *Storm-Lied «Schließe mir die Augen beide»*.
	7. November: Erste öffentliche Aufführung dreier Lieder und der *Fuge für Streichquintett und Klavier*
1907–1908	Zwölf *Klaviervariationen über ein eigenes Thema*, C-Dur. *Klaviersonate op. 1*
1909–1910	*Vier Lieder nach Hebbel und Mombert op. 2*
1910	Beendigung des Studiums bei Schönberg.
	Streichquartett op. 3
1911	24. April: *Klaviersonate* und *Streichquartett* uraufgeführt.
	3. Mai: Alban Berg und Helene Nahowski heiraten.
	18. Mai: Tod Gustav Mahlers
1911–1912	Klavierauszüge von Werken Franz Schrekers und Arnold Schönbergs.
1912	Herbst: *Fünf Orchesterlieder nach Ansichtskarten-Texten von Peter Altenberg op. 4*
1913	31. März: Uraufführung von zwei *Altenberg-Liedern*, Konzertskandal.
	Frühjahr: Beendigung der *Vier Stücke für Klarinette und Klavier op. 5*

	Analytische Arbeiten (*Führer zu Schönbergs Gurreliedern*)
1914	14. Mai: Berg sieht in den Wiener Kammerspielen Georg Büchners «Woyzeck» und entschließt sich sofort zur Vertonung.
	September: *Drei Orchesterstücke op. 6* beendet
1915	August bis Kriegsende Militärdienst, zunächst in Ungarn. Nach körperlichen Rückfällen wird Berg ins Wiener Kriegsministerium versetzt.
	Arbeit am *Wozzeck*
1918	November: Gründung des «Vereins für musikalische Privataufführungen» (1921 aufgelöst) unter Schönbergs Leitung. Berg entwirft den Prospekt und wirkt als «Vortragsmeister»
1920	Erfolgreiche publizistische Tätigkeit. Berg bleibt lange unentschlossen, ob er sich ganz der musikschriftstellerischen Arbeit widmen soll
1921	April: Beendigung des *Wozzeck*
1922	Der Klavierauszug des *Wozzeck* erscheint im Selbstverlag mit finanzieller Unterstützung Alma Mahlers
1923	April: Vertragsabschluß mit der Universal-Edition, die auch Bergs frühere Werke übernimmt.
	Schönberg macht die Schüler mit seiner «Methode der Komposition mit zwölf nur aufeinander bezogenen Tönen» bekannt.
1923–1925	*Kammerkonzert für Klavier und Geige mit 13 Bläsern*
1924	15. Juli: Uraufführung der *Bruchstücke aus Wozzeck* in Frankfurt a. M. (Dirigent: Hermann Scherchen)
1925	2. *Storm-Lied «Schließe mir die Augen beide»*, Bergs erste Zwölftonkomposition.
	14. Dezember: Uraufführung des *Wozzeck* in der Berliner Staatsoper (Dirigent: Erich Kleiber)
1925–1926	*Lyrische Suite für Streichquartett* (Uraufführung: 8. Januar 1927 durch das Kolisch-Quartett)
1926	*Wozzeck* im Prager Nationaltheater
1927	*Wozzeck* in Leningrad.
	Plan, Gerhart Hauptmanns Glashüttenmärchen «Und Pippa tanzt!» zu vertonen
1928	Frühjahr: Entschluß zur Komposition des Wedekindschen Lulu-Stoffes.
	Orchesterfassung der *Sieben frühen Lieder* (1905–08).
	Bearbeitung des zweiten, dritten und vierten Satzes der *Lyrischen Suite* für Streichorchester
1929	5. März: Johannes Schüler bringt den *Wozzeck* in Oldenburg. Danach wird die Oper zu Bergs Lebzeiten von 25 Theatern übernommen.
	Mai–August: *Le Vin / Der Wein, Konzertarie mit Orchester* (Baudelaire/George)
1930	Mitglied der Preußischen Akademie der Künste.
	Tätigkeit als Juror
1932	Bergs erwerben das «Waldhaus» am Wörthersee.
	Willi Reich gründet unter starker Anteilnahme Bergs «23 – Eine

Wiener Musikzeitschrift» nach dem Vorbild von Karl Kraus' «Fakkel»

1933   Berg versucht, den Einfluß der nationalsozialistischen Kulturpolitik auf die musikalischen Institutionen zu verhindern.

3. Dezember: *Lied der Lulu*, Webern zum 50. Geburtstag gewidmet

1934   April: *Lulu* im Particell vollendet. Die Uraufführung wird für Berlin (Erich Kleiber) geplant.

Die Library of Congress, Washington, erwirbt durch Vermittlung Schönbergs das Autograph der *Wozzeck*-Partitur.

30. November: Uraufführung der *Symphonischen Stücke aus der Oper «Lulu»* in der Berliner Staatsoper (Kleiber).

Pressekampagne gegen Kleiber (Januar 1935 emigriert) und Berg (keine weiteren Aufführungen in Deutschland)

1935   Bearbeitung des zweiten Satzes (Adagio) aus dem *Kammerkonzert* als *Trio für Geige, Klarinette und Klavier*.

April–August: *Violinkonzert*.

September: Blutvergiftung durch Furunkulose. Todesahnungen.

Berg stirbt am 24. Dezember

1936   19. April: Uraufführung des *Violinkonzerts* in Barcelona (Louis Krasner, Hermann Scherchen)

1937   2. Juni: Uraufführung der *Lulu* in der von Berg hinterlassenen fragmentarischen Form (Zürich)

1955   Helene Berg ruft zur Pflege des Werkes Bergs und zur Förderung junger Komponisten und Interpreten die «Alban Berg-Stiftung» ins Leben.

Gründung der «International Alban Berg Society» (Sitz: New York) durch Igor Strawinsky. Derzeitiger Präsident: Luigi Dallapiccola

ZEUGNISSE

ANTON VON WEBERN

Ich halte Dich für einen allerersten Komponisten.

Aus einem Brief an Berg, 22. August 1911

ARNOLD SCHÖNBERG

Möchten Sie nicht Partituren von Dr. Anton von Webern und Alban Berg, zwei wirklichen Musikern – keine bolschewistische Analphabeten, sondern musikalisch gebildete Ohren – ansehen?

Brief an einen Dirigenten, 23. August 1922

EDUARD ERDMANN

Aus dem Schönbergkreis haben wir vor allem eine prächtige Sonate von Alban Berg, ein Werk, das in seiner linearen stilistischen Reinheit musterhaft ist. Formal ein üblicher Sonatensatz, aber modern in der seelischen Durchdringung, der Ökonomie. Ein Klavierparallelstück zu Schönbergs Kammersymphonie . . .

«Moderne Klaviermusik». In: «Melos» I, 1920

ERNEST ANSERMET

Er war eine Gestalt von seltener Vornehmheit, seltener Erlesenheit, ein Grandseigneur unserer Kunst – unter so vielen Technikern ein Mensch von naturgebundener Wesenheit und unter den Komponisten von heute wohl der echteste Musiker.

Nachruf. In: «Journal de Genève», 1936

ERNST KŘENEK

Berg hat die neue musikalische Konstruktion, welche die alte zerstört und abgelöst hat, benützt, um die Schönheit der zerfallenen zu besingen.

Alban Bergs «Lulu», 1937

LUIGI DALLAPICCOLA

Es ist meine feste Überzeugung, daß, wenn die Musik der «Wiener» ihren Weg um die ganze Welt machen konnte, dies vor allem Alban Berg zu danken ist: ihm, dem zwar nicht größten, aber dem «humansten» von allen.

Gespräch mit dem Verfasser, 1974

THEODOR W. ADORNO

Keine andere Musik aus unserer Zeit ist so menschlich wie die von Berg, und davor erschrecken die Menschen.

Rede über Alban Bergs «Lulu»

PIERRE BOULEZ

«Wozzeck» repräsentiert die Zusammenschau der «Oper an sich» und hat damit vielleicht endgültig die Geschichte dieses Genres beendet – es scheint durchaus so, als müßte sich nach einem solchen Werk das musikalische Schauspiel neue Ausdrucksformen suchen.

Anlage und Interpretation der Oper «Wozzeck»

DIETRICH FISCHER-DIESKAU

Alban Berg mag man wohl als den stärksten Ausdrucksmusiker unter den dreien bezeichnen, sofern damit die expressionistische Gebärde in ihrer Suggestion nach außen gemeint ist. Und das scheint mir auch der Grund für seine von Anbeginn podiumswirksame Schreibweise zu sein, die, auch schon lange vor dem «Wozzeck», deklamatorische Elemente und musiksprachliche Floskeln benutzt, deren «sprechende» Eigenart unbestritten ist.

Aus einen Interview

GUSTAV RUDOLF SELLNER

Das Wunder der beiden Opern Alban Bergs liegt in ihrer revolutionären Kompromißlosigkeit, verbunden mit einer menschlichen Wärme ohnegleichen. Undogmatisch, frei von jeder Ideologie, fern jeder Askese strömt ihre Musik mit einer Fülle, die sich bis in Rauschhaftes steigern kann, in bestürzende Gewalt – und bleibt dennoch in strengen Formen gebändigt.

Gebändigte Inspiration zeigt auch Bergs Umgang mit der Sprache: er bricht das Wort auf, entfesselt seine logische Gebundenheit, und es gelingt ihm, es unverändert, mit seiner ganzen dramatischen Essenz in die Dimension der musikalischen Logik einzuschmelzen.

Schon der Griff nach Büchner und Wedekind bedeutet ja eine grundlegende Wandlung des Phänomens Oper. Er befreit sie aus ihrer Bindung an die Welt der Mythen und Pseudomythen, öffnet ihr die Realität der Gegenwart, eine neue Welt, die eben daran ist, ihren eigenen Humanismus zu finden. Prototypen unserer Zeit lösen die Helden ab: es erscheint Wozzeck, der arme Mensch, und Lulu, die ewige Dirne.

Dies ist der Anfang, und sollten aus ihm auch neue Mythen entstehen – es sind nicht mehr die Wagners und die von Strauss. Der Götterhimmel der Gründerzeit, der Hellenismus des fin de siècle – sie sind überwunden, die Entbürgerlichung des Begriffs Oper hat begonnen, das Musiktheater unserer Zeit ist gegründet. Alban Berg ist sein Klassiker – in «Wozzeck» und «Lulu» liegt seine Basis, hier sind die beiden großen Muster, die seine Entwicklung bestimmen müssen. Man sollte nicht übersehen, daß die Erschütterungen, die «Wozzeck» und «Lulu» auslösen, nicht einem politischen, gesellschaftskritischen Ansatz entspringen, sondern dem unmittelbaren Erleben von Bergs menschlicher Wärme, seiner Leidenschaft zur Wahrheit über den Menschen.

Brief an den Verfasser, 1974

YEHUDI MENUHIN

Alban Berg stellt meines Erachtens eine musikalische Parallele zum Kubismus dar: das einzigartige Phänomen eines tief romantischen Menschen – anspruchsvoll und nachsichtig zugleich, wie die ganze Wiener gesellschaftliche Tradition –, der nun Ausschau hielt nach einer neuen Ordnung der Beschränkung, nach einem Rahmen, der, wenn schon eigenwillig gesetzt, doch unpersönlich, objektiv und eindeutig sein sollte.

Die traditionelle harmonische Entwicklung hatte ja bereits einen Zustand erreicht, von dem diese neue Ordnung, die Einheitlichkeit von Satzstruktur und Melodiebau, gar nicht so weit entfernt war; und die Kluft konnte nun von solchen Visionären wie Alban Berg überwunden werden.

Mir scheint seine historische Bedeutung und Leistung in gewisser Weise ebenso wichtig wie seine Musik, die in ihrem menschlichen Ausdruck sehnsuchtsvoll rückwärts schaut, während ihre Technik mit der Vergangenheit bricht und in die Zukunft weist. Es handelt sich um den seltsamen, ja einzigartigen Fall, der einen Wendepunkt in der Entwicklung unserer Kultur darstellt – einen Extrempunkt, von dem wir nun in mancher Hinsicht wieder zurückgekehrt sind, der uns aber ganz andere Horizonte eröffnet hat als die ziemlich engen, die im ersten Viertel unseres Jahrhunderts künstlerisch vorherrschten.

Brief an den Verfasser, 1973

IGOR STRAWINSKY

Wäre ich in der Lage, die Schranke des Stils zu durchdringen (nämlich Bergs überaus fremdartiges emotionelles Klima), ich glaube, er würde mir als der begabteste Formkonstrukteur des Jahrhunderts erscheinen. Er übertrifft selbst sein eigenes, sehr offensichtliches Modell. Tatsächlich ist er der einzige, dem eine Großentwicklung von Formtypen gelang, ohne jegliche Andeutung «neoklassizistischer Heuchelei».

«Gespräche mit Robert Craft», Nr. 70

WERKVERZEICHNIS

Alle Kompositionen Bergs sind in der Universal-Edition Wien (UE) erschienen bzw. nach ursprünglicher Veröffentlichung andernorts in die UE übernommen worden.
Die umfassendste Übersicht gibt Redlich im Anhang seines Buches (S. 330–337).

ca. 140 Jugendlieder. Davon publiziert:

Sieben frühe Lieder (Texte von J. Schlaf, T. Storm, O. E. Hartleben, R. M. Rilke, P. Hohenberg, C. Hauptmann, N. Lenau). Klavier- und Orchesterfassung publiziert 1928

Schließe mir die Augen beide (Storm), 1. Vertonung (1907), publiziert 1930 (Berlin, Die Musik), UE 1954 (gemeinsam mit der 2. Vertonung)

An Leukon (Gleim), 1908, publiziert bei Reich 1937, Notenbeilage S. 14–15 und Reich 1963, S. 102–103

Zwölf Klaviervariationen über ein eigenes Thema, C-Dur (1907/08). Publiziert als Faksimile bei Redlich (Anhang)

Sonate für Klavier op. 1 (1907/08)

Vier Lieder für eine Singstimme mit Klavier op. 2 aus «Dem Schmerz sein Recht» (Hebbel) und «Der Glühende» (Mombert). 1908/09

Streichquartett op. 3 (1910)

Fünf Orchesterlieder nach Ansichtskarten-Texten von Peter Altenberg op. 4 (1912)

Vier Stücke für Klarinette und Klavier op. 5 (1913)

Drei Orchesterstücke op. 6 (1914)

Wozzeck. Oper in 3 Akten (15 Szenen) op. 7 (Büchner). 1917–1922

Drei Bruchstücke aus Wozzeck (Sopran und Orchester). 1924

Kammerkonzert für Klavier und Geige mit 13 Bläsern (1923–25). Bearbeitung des zweiten Satzes als *Trio für Geige, Klarinette und Klavier* (1935)

Schließe mir die Augen beide (Storm), 2. Vertonung (1925), publiziert 1930 (Berlin, Die Musik), UE 1954 (gemeinsam mit der 1. Vertonung)

Lyrische Suite für Streichquartett (1925/26)
Bearbeitung des zweiten, dritten und vierten Satzes für Streichorchester (1928)

Der Wein / Le Vin. Konzertarie mit Orchester (Baudelaire/George). 1929

In deines Lebens fünfzig Jahren. Glückwunschkanon zur Fünfzig-Jahr-Feier des Frankfurter Opernhauses (1930), publ. bei Reich 1937, Notenbeilage S. 16 und Reich 1963, S. 108

Lulu. Oper in 3 Akten nach den Tragödien «Erdgeist» und «Die Büchse der Pandora» von Frank Wedekind (1929–35), Fragment

Symphonische Stücke aus der Oper «Lulu» (1934)

Konzert für Violine und Orchester (1935)

Bearbeitungen:

Franz Schreker: Der ferne Klang. Klavierauszug (1911)

Arnold Schönberg: Gurrelieder. Klavierauszug (1912)

Arnold Schönberg: «Litanei» und «Entrückung» aus dem zweiten Streichquartett, bearbeitet für Singstimme und Klavier (1912)

BIBLIOGRAPHIE
(Auswahl)

Eine ausführliche Bibliographie einschließlich Rezensionen (1178 Titel, abgeschlossen April 1964) findet sich als Anhang zu GERD PLOEBSCH: Alban Bergs «Wozzeck». Dramaturgie und musikalischer Aufbau. Straßburg–Baden-Baden 1968. S. 99 f.

(Angegebene Kurztitel s. S. 134)

1. Eigene Schriften, Briefe, Dokumente

Arnold Schönberg, Gurrelieder. Führer von Alban Berg. Wien 1913

Arnold Schönberg, Kammersymphonie E-Dur op. 9. Thematische Analyse von Alban Berg. Wien o. J.

Arnold Schönberg, Pelleas und Melisande op. 5. Kurze thematische Analyse von Alban Berg. Wien o. J.

Die musikalische Impotenz der «neuen Ästhetik» Hans Pfitzners. In: Musikblätter des Anbruch, Wien 1920 – Neudruck: REICH 1963, S. 194–206

Warum ist Schönbergs Musik so schwer verständlich? In: Musikblätter des Anbruch (Sonderheft zu Schönbergs 50. Geburtstag), Wien 1924 – Neudruck: REICH 1963, S. 179–193

Die musikalischen Formen in meiner Oper «Wozzeck». In: Die Musik, Berlin 1924 – Neudruck: REICH 1937, S. 178–180

Das «Opernproblem». In: Neue Musikzeitung, Stuttgart 1928 – Neudruck: REICH 1963, S. 59–61

Wozzeck-Vortrag (1929). In: REDLICH, S. 311–327

Was ist atonal? Radio-Dialog (1939). In: 23 – Eine Wiener Musikzeitschrift 24/25 (Wien 1936) – Neudruck: Kontrapunkte 2. «Die Stimme der Komponisten». Rodenkirchen/Rhein 1958. S. 17–27; REICH 1959, S. 32–44

Alban Berg. Briefe an seine Frau. München–Wien 1965

REDLICH, HANS FERDINAND: Unveröffentlichte Briefe Alban Bergs an Arnold Schönberg. In: Festschrift Friedrich Blume. Kassel 1963. S. 272–280

REICH, WILLI: Aus unbekannten Briefen von Alban Berg an Anton Webern. In: Schweizerische Musikzeitung 93 (1953)

COUL, POUL OP DE: Unveröffentlichte Briefe von Alban Berg und Anton Webern an Daniel Ruyneman. In: Tijdschrift van de Vereniging voor Nederlandse Muziekgeschiedenis XXII (1972), S. 201–220

Schönberg – Webern – Berg. Bilder, Partituren, Dokumente. Ausstellungskatalog des Museums des XX. Jahrhunderts. Wien 1969

Schoenberg, Berg, Webern. Die Streichquartette. Eine Dokumentation, hg. von URSULA VON RAUCHHAUPT. Hamburg–München 1971

2. Schriften über Alban Berg

a) Gesamtdarstellungen

ADORNO, THEODOR W.: Alban Berg. Der Meister des kleinsten Übergangs. Wien 1968

Pernye, A.: Alban Berg. Budapest 1967

Pousseur, Henri: Alban Berg. Écrits, choisis, traduits et commentés par Henri Pousseur. Monaco 1957

Redlich, Hans Ferdinand: Alban Berg. Versuch einer Würdigung. Wien–Zürich–London 1957

Reich, Willi: Alban Berg. Mit Bergs eigenen Schriften und Beiträgen von Theodor Wiesengrund-Adorno und Ernst Křenek. Wien–Leipzig–Zürich 1937

Reich, Willi (Hg.): Alban Berg. Bildnis im Wort. Selbstzeugnisse und Aussagen der Freunde. Zürich 1959

Reich, Willi: Alban Berg. Leben und Werk. Zürich 1963

Vogelsang, Konrad: Alban Berg. Leben und Werk. Berlin–Wunsiedel 1959

23 – Eine Wiener Musikzeitschrift. Sonderheft 1. Februar 1936 (Nr. 24/25): Alban Berg zum Gedenken. Beiträge von Ernst Křenek, Heinrich Jalowetz, Soma Morgenstern, Willi Reich, Hektor Rottweiler (Pseudonym für Theodor Wiesengrund-Adorno), Erwin Stein

b) Einführende Literatur in die Neue Musik

Rufer, Josef: Die Komposition mit zwölf Tönen. Berlin–Wunsiedel 1952

Schollum, Robert: Die Wiener Schule. Wien 1969

Stein, Erwin: Neue Formprinzipien. In: Musikblätter des Anbruch (Sonderheft zu Schönbergs 50. Geburtstag), Wien 1925 – Neudruck in: Hans Heinz Stuckenschmidt, Neue Musik. Berlin 1951. S. 358–385

Stephan, Rudolf: Neue Musik. Versuch einer kritischen Einführung. Göttingen 1958
Zwölftonmusik und Serielle Musik. In: Die Musik in Geschichte und Gegenwart Bd. 13

Stuckenschmidt, Hans Heinz: Neue Musik. Berlin 1951

Webern, Anton: Wege zur neuen Musik. Hg. von Willi Reich. Wien 1960

Die Wiener Schule und ihre Bedeutung für die Musikentwicklung im 20. Jahrhundert. Sonderband der Österreichischen Musikzeitschrift, Wien 1961

3. Studien und Aufsätze

a) Allgemeines

Adorno, Theodor W.: Alban Berg. In: Adorno, Klangfiguren. Musikalische Schriften I. Frankfurt a. M. 1959. S. 121–137
Bergs kompositionstechnischen Funde. In: Adorno, Quasi una fantasia. Musikalische Schriften II. Frankfurt a. M. 1963. S. 245–273

Boulez, Pierre: Alban Berg heute gesehen. In: Melos 1960, S. 33–36

Häusler, Josef: Alban Berg. In: Musik im 20. Jahrhundert. Bremen 1969. S. 99–115

Pernye, A.: Alban Berg und die Zahlen. In: Studia musicologica 1967, S. 141–161

Redlich, Hans Ferdinand: Alban Berg und die österreichische Landschaft. In: 40 Jahre Steyrischer Tonkünstlerbund, Festschrift. Graz 1967

SAATHEN, FRIEDRICH: Rede auf Alban Berg. In: Neue Zeitschrift für Musik 1961, S. 267–268

SCHWEIZER, KLAUS: Die Sonatensatzform im Schaffen Alban Bergs. Stuttgart 1970

STEIN, ERWIN: Alban Berg – Anton v. Webern. In: Musikblätter des Anbruch 1923, S. 13–16

STUCKENSCHMIDT, HANS HEINZ: Alban Berg. In: STUCKENSCHMIDT, Schöpfer der Neuen Musik. Frankfurt a. M. 1958 – Neuausg.: München 1962. S. 127–135

WILLNAUER, FRANZ: Alban Berg über Musik und Musiker. In: Neue Zeitschrift für Musik 1966, S. 128–135

b) Zu den Opern

BITTER, CHRISTOF: Notizen zu Mozarts «Don Giovanni» und Bergs «Lulu». In: Festschrift für einen Verleger. Ludwig Strecker zum 90. Geburtstag. Mainz 1973. S. 123–134

BLAUKOPF, KURT: Autobiographische Elemente in Alban Bergs «Wozzeck». In: Österreichische Musikzeitschrift 1954, S. 155 f

FORNEBERG, ERICH: Das Volkslied als expressionistisches Symbol in Alban Bergs «Wozzeck». In: Neue Zeitschrift für Musik 1959, S. 261 f
«Wozzeck» von Alban Berg. Berlin 1963

JOUVE, PIERRE JEAN und MICHEL, FANO: Wozzeck ou le nouvel opéra. Paris 1953

KERMAN, JOSEPH: Naturalismus, Psychose und Sentimentalität: Alban Bergs «Wozzeck» – Analyse einer modernen Oper. In: Perspektiven. Frankfurt a. M. 1955. S. 72–86

KŘENEK, ERNST: Alban Bergs «Lulu». In: KŘENEK, Zur Sprache gebracht. Essays über Musik. München 1958. S. 241–250

PERLE, GEORGE: Die Personen in Bergs «Lulu». In: Archiv für Musikwissenschaft 1967, S. 283–290
Die Reihe als Symbol in Bergs «Lulu». In: Österreichische Musikzeitschrift 1967, S. 589–593

PLOEBSCH, GERD: Die Stimme in der Oper. Zu Alban Bergs «Wozzeck». In: Neue Zeitschrift für Musik 1965, S. 416–417

RÖSING, HELMUT: Zu einem Ausdrucksmodell in Beethovens «Fidelio» und Bergs «Wozzeck». In: Musikforschung 1970, S. 303–310

STEPHAN, RUDOLF: Alban Bergs «Lulu». In: Neue Zeitschrift für Musik 1961, S. 269–276

WEBER, FR. R.: Der Musikdramatiker Alban Berg. Ein Beitrag zur Dramaturgie der Oper im 20. Jahrhundert. [Diss.] Wien 1966

c) Zu den übrigen Werken

ADORNO, THEODOR W.: Alban Berg. Violinkonzert. In: ADORNO, Der getreue Korrepetitor. Lehrschriften zur musikalischen Praxis. Frankfurt a. M. 1963. S. 187–216
Bergs Lulu-Symphonie. In: Melos 1960, S. 43–46
Die Instrumentation von Bergs frühen Liedern. In: ADORNO, Klangfiguren. Musikalische Schriften I. Frankfurt a. M. 1959. S. 138–156

ARCHIBALD, R. B.: Harmony in the early works of Alban Berg. [Diss.] Harvard University, Mass. 1965

DE VETO, M. B.: Alban Berg's picture-postcard songs. [Diss.] Princeton University, N. Y. 1967

DUFFY, J. C.: The early songs by Alban Berg. [Diss.] Brown University 1967

FORNEBERG, ERICH: Der Bachchoral in Alban Bergs Violinkonzert. In: Melos 1956, S. 247 f

REDLICH, HANS FERDINAND: Alban Bergs Violinkonzert. In: Melos 1957, S. 316–321

Der Symphoniker Alban Berg. In: Österreichische Musikzeitschrift 1954, S. 148–154

STROH, WOLFGANG MARTIN: Alban Bergs Orchesterlieder. In: Neue Zeitschrift für Musik 1969, S. 89–94

VENUS, DANKMAR: Vergleichende Untersuchungen zur melischen Struktur der Singstimme in den Liedern von A. Schönberg, A. Berg, A. Webern und P. Hindemith. [Diss.] Göttingen 1965

DISCOGRAPHIE
(Auswahl)

Berg hat sich Schallplattenaufnahmen seiner Musik ausdrücklich «sehr gewünscht», wobei sein Bestreben um «musikalische Klarheit» den Ausschlag gegeben haben dürfte. Bei einigen Aufführungen (bis auf die *Sieben frühen Lieder* sind alle Werke leicht greifbar) scheint dieses Ideal ebenfalls vorgeschwebt zu haben: Klarheit und Authentizität, das heißt deutlichste Wiedergabe von Buchstabe und Geist der Bergschen Partituren. Dagegen hat man sich in anderen Fällen – auch das muß leider gesagt werden – offenbar allzu gern den Fähigkeiten des Tonmeisters anvertraut, der durch Hervorheben einzelner Stimmen, durch Hallbeigaben und sonstige technische Manipulationen zwar einen gefälligen Klang produzieren, nicht aber eine angemessene, ausgewogene Interpretation bewirken kann. Alte Aufnahmen wie der amerikanische Rundfunk-*Wozzeck* unter Dimitri Mitropoulos oder das *Violinkonzert* mit Arthur Grumiaux und Igor Markevitch (Phil) bleiben daher, trotz ihres «technischen Alters», hervorragende künstlerische Leistungen.

Es folgt eine Zusammenstellung der heute in Deutschland erhältlichen Schallplatten, in der bei mehreren Einspielungen desselben Werkes die – nach Meinung des Autors – beste Aufnahme an erster Stelle steht.

Klaviersonate op. 1
Claude Helffer (DGG) – Marie Françoise Bucquet (Phil) – Franzpeter Goebels (Bär)

Lieder op. 2
Dietrich Fischer-Dieskau / Aribert Reimann (DGG) – Heather Harper / Paul Hamburger (EMI)

Streichquartett op. 3
LaSalle Quartett (DGG) – Weller-Quartett (Decca)

Altenberg-Lieder op. 4
Margaret Price / London Symphony Orchestra / Claudio Abbado (DGG) –

Halina Lukomska / BBC Symphony Orchestra / Pierre Boulez (CBS)

Stücke für Klarinette und Klavier op. 5

John Neufeld / Peter Hewitt (EMI)

Drei Orchesterstücke op. 6

BBC Symphony Orchestra / Pierre Boulez (CBS) – London Symphony Orchestra / Claudio Abbado (DGG) – Südwestfunkorchester Hans Rosbaud (Wer) – London Symphony Orchestra / Antal Dorati (Phil)

Wozzeck op. 7

Dietrich Fischer-Dieskau, Evelyn Lear u. a. / Orchester der Deutschen Oper Berlin / Karl Böhm (DGG) – Walter Berry, Isabel Strauss u. a. / Orchester der Pariser Oper / Pierre Boulez (CBS)

Bruchstücke aus Wozzeck

Phyllis Curtin / Boston Symphony Orchestra / Erich Leinsdorf (RCA) – Helga Pilarczyk / London Symphony Orchestra / Antal Dorati (Phil)

Kammerkonzert

Daniel Barenboim, Saschko Gawriloff / BBC Symphony Orchestra / Pierre Boulez (CBS) – Pierre Barbizet, Christian Ferras / Orchester der Konservatoriumskonzerte Paris / Georges Prêtre (EMI) – Zdenek Kozina, Ivo Strauss / Kammerharmonie Prag / Libor Pesek (Sup)

Lyrische Suite

LaSalle Quartett (DGG) – Juilliard Quartett (RCA)

Bearbeitung für Streichorchester

Zürcher Kammerorchester / Edmond de Stoutz (Am)

Le Vin / Der Wein

Phyllis Curtin / Boston Symphony Orchestra / Erich Leinsdorf (RCA)

Lulu

Evelyn Lear, Dietrich Fischer-Dieskau u. a. / Orchester der Deutschen Oper Berlin / Karl Böhm (DGG) – Anneliese Rothenberger, Toni Blankenheim u. a. / Philharmonisches Staatsorchester Hamburg / Leopold Ludwig (EMI)

Symphonische Stücke aus der Oper «Lulu»

Helga Pilarczyk / London Symphony Orchestra / Antal Dorati (Phil) – Luisa De Sett / Philadelphia Orchestra / Eugene Ormandy (CBS)

Violinkonzert

Yehudi Menuhin / BBC Symphony Orchestra / Pierre Boulez (EMI) – Josef Suk / Tschechische Philharmonie / Karel Ancerl (Sup) – Christian Ferras / Orchester der Konservatoriumskonzerte Paris / Georges Prêtre (EMI) – Isaac Stern / New Yorker Philharmoniker / Leonard Bernstein (EMI) – Henryk Szeryng / Symphonieorchester des Bayerischen Rundfunks / Rafael Kubelik (DGG)

NAMENREGISTER

Die kursiv gesetzten Zahlen bezeichnen die Abbildungen

NACHWORT

Die vorliegende Monographie hätte nicht geschrieben werden können ohne Rat und Hilfe, für die ich auch an dieser Stelle meinen Dank sagen möchte. Das erste Wort gilt der verehrten Frau Helene Berg (Wien), die liebenswürdigerweise etliche Dokumente zur Verfügung stellte. An die informativen und herzlichen Gespräche mit ihr in der Hietzinger Wohnung erinnere ich mich in dankbarer Freude.

Besonders erwähne ich auch die von der Universal-Edition (Wien) erwiesene Großzügigkeit, mir die bislang im Ganzen unpublizierten Briefe Bergs an den Verlag, den Briefwechsel Berg–Webern und das reiche Archiv zur Einsicht und auszugsweisen Publikation zur Verfügung gestellt zu haben. Hierfür danke ich Herrn Direktor Alfred Schlee und seinen Mitarbeitern, vor allem Frau Eva Smirzitz.

Ebenso herzlich sei allen anderen Damen und Herren gedankt, die mir auf verschiedene Weise geholfen haben: Herrn Prof. Dr. Karl Böhm (Wien), Maestro Luigi Dallapiccola (Florenz), Frau Irene Erdmann (Flensburg), Frau Signe Förtsch (Hamburg), Fräulein Barbara Hering (Hamburg), Herrn Gunther Joppig (Hamburg), Frau Anna Mahler (Spoleto), Herrn Dipl.-Ing. Franz Neuwirth (Wien), Frau Fritzi Schlesinger (Wien), Herrn Prof. Hans Swarowsky (Wien), Herrn Dr. Otto Tomek (Baden-Baden), Frau Ida Wagner (Wien) und vielen, die ich nicht namentlich nennen kann, besonders den Herren, die mir Stellungnahmen für die «Zeugnisse» zukommen ließen.

Rom, Mai 1974   VOLKER SCHERLIESS

ÜBER DEN AUTOR

VOLKER SCHERLIESS, geboren am 26. März 1945, studierte in Hamburg Musikwissenschaft, Kunstgeschichte und Philosophie. Studienjahr in Florenz. 1971 Promotion über «Musikalische Noten auf Kunstwerken der italienischen Renaissance bis zum Anfang des 17. Jahrhunderts». Seit 1972 Forschungsstipendiat an der Musikabteilung des Deutschen Historischen Instituts in Rom. Arbeitsgebiete: Musikalische Ikonographie, frühe Oper, neue Musik.